授業がちょっとうまくなる44の小技

Tawarahara Masahito
俵原 正仁

明治図書

はじめに

とある研究会。

多くの参観者でごった返す教室。

私も、その中の一人。同僚の若い先生と共に授業を参観している。

授業が始まった。

授業者が黒板の前に立つ。

ニコッと笑い、視線を教室の右端から左端に動かして、すべての子どもたちとアイコンタクト。ここで私の解説が入る。

「今、視線を右から左に動かしたでしょ。目を合わすと子どもたちが落ちつくからね」

他の参観者のじゃまにならないようにささやく。

音読開始。

教師の後に続いて、子どもたちも音読する。

「おはよう　まつげ」

「おはよう　まつげ」

「おはよう　あくび」

「おはよう　あくび」

子どもたちの元気のいい声が教室に響く。

「2回目の子どもたちが音読するときも、先生が小さな声で音読しているの、わかる?」

私の言葉を聞いて、同僚の表情が変わる。

「おはよう　手のひら」

「おはよう　手のひら」

「ほんとですね。気づきませんでした」

「このクラスは鍛えられているから、本当は必要ないんだけど、音読の声が小さいクラスでは、あの技は有効やで」

実際に授業を見ながら、リアルタイムで解説を行っていく。


若い頃、研究授業を見ていて、「すごいなぁ」と思うことがよくありました。どうやったらあのような子どもたちを育てることができるのか、考えました。実際に授業者に聞いたこともあります。すると、おおむね次のような結論にたどり着きました。
・地道な日々の実践の積み重ね
・最後までやり遂げる教師の覚悟
・教育に対するゆるぎない信念

どれも大切なことです。でも、地道なことが苦手で、飽きっぽくて最後までやり遂げられない自分にはできそうにありません（唯一、ゆるぎない信念らしきものはありますが、それも「楽しく笑顔で」という程度です）。ただ、すごい授業を見るたびに、目指すべきイメージは固まっていきました。楽しく笑顔で日々を過ごすためにも、「できないことは無理をしない」「とりあえず、やる」という信念をもって、日々の実践に取り組みました。

そして、月日は流れ、気がつけば、いつの間にかそれなりの授業ができるようになっていました。そんなある日、師匠と仰ぐ先生からこう言われたのです。

「俵原さん、あんたもそろそろ自分の実践を理論化せんといかんぞ」

今から思えば、この言葉は、それまで闘魂三銃士の武藤敬司のように感覚で実践を行っていた私のターニングポイントになりました。この日を境に、私は、「なぜ自分はあのとき、あの位置に立っていたのだろうか」「〇〇さんの発言に対して、なぜあのような返し

をしたのか」といった自問自答をするようになったのです。その中で、気づいたことが、

子どもたちが伸びる実践の裏には、意図的な小さな技が隠されている

ということでした。ところが、小さな技は見えにくいものです。かつての自分自身がそうだったように、目の前で行われていても気づかないこともあります。そこで、試しにやってみたのが、冒頭で述べた研究授業リアルタイム解説です。これは、効果抜群でした。

本書においても、実際の授業場面を例に、その裏に隠れている意図を示しながら、授業における小技を紹介しています。「いいなぁ」と感じた小技は、ぜひ、ご自分のクラスで実践してください。一つ一つの小技を身につけることによって、あなたの授業力は、「ほんの少し」アップします。あとは、それを繰り返すだけです。千里の道も一歩から。あなたも、いつの間にか、それなりの授業ができるようになっているはずです。

2018年6月

俵原　正仁

もくじ

第2章
かたる
語って伸ばす、騙ってノセる

第3章

見る

無意識の技を意識化する

第4章 演じる
演じる者は救われる

第5章

読ませる

音読で子どもをノリノリにする

第6章 巡る

意図的机間巡指のすすめ

第7章

エンタメる

教師も子どももとにかく楽しむ

第1章

面白《オモロ》がる

メタ認知できると、面白さが増える

1
失敗は「笑わない」ではなく「笑い飛ばす」

えっ、あの岡田くんが!?

６年生、算数の時間。

担任をして、はじめて100ます計算を行ったときの話。

100ます計算のプリントを配り、次の指示を行う。

「縦の列に１〜10、横の列にも１〜10を書いてください。たし算です。できた人は手をあげてください。時間は５分です。用意はいいですか？」

はじめてといっても、天下の100ます計算。①**６年生になるまでに何度かしているだろうと、特に詳しい説明もなくスタート。**

１分半前に、早い子の手が上がり始める。２分を過ぎたころには、クラスの半分ぐらいの子がすでに終わっていた。

ところが、算数が得意科目であるはずの岡田くんの手はなかなか上がらない。

結局、最後まで手が上がることなくタイムアップ。

「えっ、岡田できてへんの？」

友だちからも、驚きの声が上がる。

岡田くん自身も、できなかったことに対してショックを受けているようであった。


こんなふうにやってたんや！


何気なく近づいて、声をかける。

「どうしたん？　体の調子でも悪いんか？」

彼は黙って首を横に振る。

私は、タイムアップで未完成の彼のワークを手に取った。

そこには、衝撃の事実が…。

「えっ、こんなふうにやってたんや！」

+	1	2	3	4	5	6	7	8	9	10
1	2	4	7	11	16	22	29	37	46	56
2	4	8	15	26	42	64	93	[illegible]	176	232
3	7	15	30	56	98	162	255	385	561	793
4	11	26	56	112	210	372	627	1022	1585	[illegible]
5	16	42	98	210	420	792	1419	2431	4009	[illegible]
6	22	64	162	372	792	1584	3			
7	29	93	255	627	1419					
8	37	140	395	1022	[illegible]					
9	46	186	581	1603	[illegible]					
10	56	242	823	2426	[illegible]					

なんと、彼は、100ます計算のやり方を勘違いしていたのである。

本来なら、「1＋1」の答えの下のマスには、「1＋2」の答えを書かなければいけないのだが、彼は「1＋1」で出した答えの「2」と横の「2」を使って、「2＋2」の答えを書いていたのである。進めば進むほど難しくなる100ます計算。タイムアップするはずである。みんなわかっているだろうと、説明しなかった自分が悪いのだが、あまりもの笑撃に、思わず声を出して笑ってしまった。

そして、すかさずフォロー。

「みんな、算数が得意な岡田くんができなかったの、変やと思わへんかった？　実は、こんなふうに計算してたんやで」

「えー、それむちゃくちゃ難しいやん。できなくて当たり前や」

「でも、面白いよな。その計算の仕方を岡田式と名付けよう」

曇っていた岡田くんの表情が変わる。

「みんな、すごいな。『失敗を笑わないクラス』ではなく、さらにその上をいく『[②]**失敗を笑い飛ばすクラス**』やな。ホンマ、いいクラスや…」

ポイント

①今回は、いい感じにフォローできたからよいものの、教師の思い込みからくる失敗事例は、多い。集めれば、それだけで1冊の本ができるほどである。

②まわりの子をいかに巻き込んでいくかが重要。クラス全体の雰囲気がプラスなら、多少の失敗ならプラスに転化することができるのである。

2

子どもの話を思いっきり面白がる

あのね、今日テストがあったんだけど…

教頭時代の話。

昼休みに廊下を歩いていると、1年生の女の子が駆け寄ってきた。

「かなちゃんね、今日テスト3つ間違えたけど、大体できたよ」

「そうなんだ。よくがんばったね」

「うん」

彼女は、満足気な表情で運動場に駆けていった。

そして、放課後の職員室。夏菜子さんの担任にこのエピソードを話す。すると…

「えっ、でもそのテスト、全部で5問ですよ…」

5問中3問の間違い！　「大体できた」ではなく、むしろ「大体間違っている」。

①何というプラス思考！

ドイツ料理を食べました…

これも教頭時代の話。

朝の会の時間、校舎内を歩いていると、1年の教室から朝のスピーチの声が聞こえてきた。得意げな表情で1人の男の子がスピーチをしている。

「昨日、大阪の姫路城に行きました」

大阪の姫路城？

「その後、ドイツ料理のお店に行きました。パスタとフライドポテトを食べました」

パスタとフライドポテトがドイツ料理？

「おたずねはありませんか？」

聞いていた子のほとんどの手が上がる。そやろ、そやろ、ツッコミどころ満載やもんな。

「詩織さん、どうぞ」

「おいしかったですか?」

違う! 聞きたいのはそこじゃない。

「はい、おいしかったです」

そこで質問は終了。朝の会の次のプログラムが始まった。そして、放課後の職員室。

「アキラくんの朝のスピーチ、聞かせてもらったんだけど、『大阪の姫路城』とか『ドイツ料理のパスタ』とか、ツッコミどころ満載だったのに、出た質問が『おいしかったですか?』って、1年生という感じで…」

「そうなんですよ。ほんと、いつもアキラくんはワケのわからないこと言うし、他の子もきちんと聞いていないし…。②**困ったもんです**」

いや、そんなことではなく、ただ単に「1年生って、かわいいですね」と言いたかっただけなんですが…。

ポイント

①子どもたちのほのぼのとしたエピソードを楽しめる。その感性が大切。ちなみに、以前、

ももいろクローバーZと対談（『小一教育技術』２０１７年4月号）を行った際、このエピソードを話したら、「かわいい～」と大絶賛だった。ちなみに、私は「かわいい～」と言っているかわいい彼女らを間近で見ることができ、前世で徳を積んでいてよかったと思ったのであった（たぶん、国１つを守るぐらいはしてたと思う）。

②たぶん、アキラくんが行ったのは、大阪城であろう。ところが、行った城の名前はよくわからない。パスタとフライドポテトを食べたことは事実であろう。ところが、何という店に行ったかはよく覚えていない。１年生のアキラくんは、持っている知識をフル動員して、自分が知っているお城の名前「姫路城」、なぜか頭に残っていた「ドイツ料理」という言葉を選び、カッコいい（と思える）スピーチをしたのであろう。１年生男子がカッコつけようとしているこの姿勢、「めっちゃ、かわいい」と感じないでどうする！

…と私は言いたい（笑）

そして、そのような面白がる教師の感性が、クラスの子どもたちに伝わり、教室にプラスの雰囲気をつくるのである。

3 時にはスルーする

エジソンは、何回失敗したでしょう?

4年生。

4月、理科の授業開き。

「エジソンは電球を発明するまでに何回ぐらい実験を失敗したのでしょう?」

ノートに書かせる。机間巡視を行い、ノートを見る。新しい担任と出会って、さほど日もたっていない。まだ教師の様子をうかがっているのか、10億と書くようなはじけた子はいない。

列指名を行う。

「50回です」

「28回です」

「72回ぐらい」

100回以内という回答が続いていく。元気のいい玉井くんが大きな声で発表。

「800回です」

笑い声が起きる。次の発表は、杏果さん。全体の場で発表するのが苦手な感じの女の子。

「10回です」

「そんなに少ないはずないわ」

「ほんまや」

玉井くんが隣の男の子につぶやいた声を聞いて、杏果さんの表情が曇る。

「いや、わからへんぞ。もし杏果さんが正解だったら、玉井くん宿題2倍」①

「え〜っ、いややぁ」

素っ頓狂な玉井くんの叫びを聞いて、クラスに笑い声が起きる。杏果さんも笑っている。

この後、玉井くんの親友である高城くんが調子に乗って、100億と発表するが、②**軽くスルーしてここでも笑いを取る。**

そして、正解の発表。

「実は、いろいろと説があって、本によって数が違うみたいですが、先生が調べたのを発表します」

黒板に次の数字を書く。

「10」

③**ここで、玉井くんを見て、にっこりと笑う。**玉井くんは、「ウソや～ん」という顔。その顔を見て、クラスにまたまた笑いが起きる。

黙って、数字を書き加える。

「100」

「１０００」

「１００００」

え～～～っ!!

④**「エジソンは、１００００回失敗してもあきらめずに実験を行ったのです。**もし、エジソンが９９９９回でやめていたら、電球が発明されるのはもっと遅れたでしょうね」

最後に、ノートに感想を書いて授業を終えた。

ポイント

①ここで玉井くんを叱ってしまえば、一気に授業の雰囲気は悪くなる。打たれ強い性格を読み取った上で、彼をいじることで、指導しながら、笑いをとる。

②ここで叱ってしまうと、「玉井くんには叱らなかったのに、なんで自分だけ」となってしまう。「調子に乗るな！」と叱るのではなく、スルーすることで面白い状況をつくる。

③ある意味、玉井くんがこの授業の主役である。授業の最後に、「今日は、玉井くんのおかげで盛り上がったね」とほめることで、彼をプロデュースする。

④もしかしたら、エジソンは失敗も面白がっていたのではないだろうか。教師も、授業中、子どもたちが予期せぬ反応を示しても、それを面白がる気持ちをもって対応することが大切である。

4

地元色を出す

教科書の文を丸写しさせないために

5年生、国語。古典の授業。

子曰はく、「己の欲せざる所は、人に施すこと勿れ」と。

黒板に書かれている論語の一節を音読後、教師曰はく。

「どういう意味かわかりますか？」

さっと、手があがる。

「自分がされていやなことは、人にしてはいけないということだと思います」

今まで聞いたことがない単語はあるものの、何となく意味はわかるようである。もしかしたら、普段、お母さんに言われているからかもしれない（笑）

「自分が人からされたくないと思うことを、他人に対してしてはならない、です」

①教科書に載っている解説を見ている子もいる。

「正解です。よくできました」

どちらの子に対しても、軽く褒めた上で、次の指示をする。

「では、もし孔子が関西人だったらどうなりますか？　ノートに関西弁で書いてください」

いろいろなバージョンでリライトさせる

②関西の子どもにとっては、普段使っている話し言葉で書けばいいので、そんなにハードルが高い課題ではない。

「自分がされてあかんことは、人にしたらあかんで」

「自分が人からされたらかなわんなぁちゅうことは、他の人にやったらあかんで」

早く書けた子に対しては、関西人以外のパターンでも書くように指示を行う。

・お嬢様は言った。「いいこと、自分が人からされたくないと思うことは、他人さまには、してはいけなくってよ」と。

・**猫[3]は言った。「自分ニャしてほしくニャイことは、人にしてはいけないニャー」と。**

・宇宙人は言った。「ワレワレガイヤナコトハ、チキュウジンニモシテハイケナイ」と。

まぁ、**何[4]やかんやと出てきます。**

ポイント

①教科書を見ることを禁じているわけではない。塾で先取りしている子がクラスにいる中、「教科書を見ずに自分で考えろ」では、塾に行っていない子のハンデはさらに大きくなる。むしろ、教科書を見ることを推奨しているぐらいである。ただし、意味もわからないまま、教科書を丸写ししても力にはならない。そこで、教科書に書かれている内容が

本当に理解できているのか確かめるために、関西弁で書き直させるのである。

②「関西弁で書きましょう」という指示は、関西の子には書きやすい課題であるが、他の地方の子にとっては難しいかもしれない。ということで、自分の住んでいる地方の方言で書き直させることをおすすめする。

③実際に、猫が言ったとしたら、「ニャニャニャニャニャニャッニャニャニャニャニャニャニャ、ニャニャニャ、ニャニャニャニャニャニャニャニャ」になるはずである。だって、猫は日本語しゃべれないから。

④いろんなパターンで考えさせることによって、子どもたちは同じ課題に対しても、飽きずに意欲的に取り組むことができる。早く課題を終えた子が空白の時間をつくることもなくなり、何度も何度も繰り返し行うことで、本時の学習内容も定着していくのである。

5

1年生になりきらせる

有田和正を追って

わが師匠有田和正氏の「はてな帳」には、1年生とは思えないような表現がバンバン出てくる。

その実践に触発されて、校外学習で京都に行った後、「先生、あのね」を書かせてみた。

・先生あのね。きんかくじを見にいったよ。でも雨はいっこうにやまず、天はおおつぶのなみだをふらしつづけていたよ。

・先生あのね。清水寺にいったんだよ。ゆかが、かたむいてたところからね、秋色に染まった絶景が私の心をゆさぶったよ。

・先生、あのね。きんかくじにいったよ。すごくきれいだったよ。きんかくじのかがやきは栄華の象徴だったよ。またいきたいな。

・先生あのね。清水寺にいってきたよ。大自然のところどころに色んな落ち葉が舞い、清水寺に秋の色どりを感じられたよ。

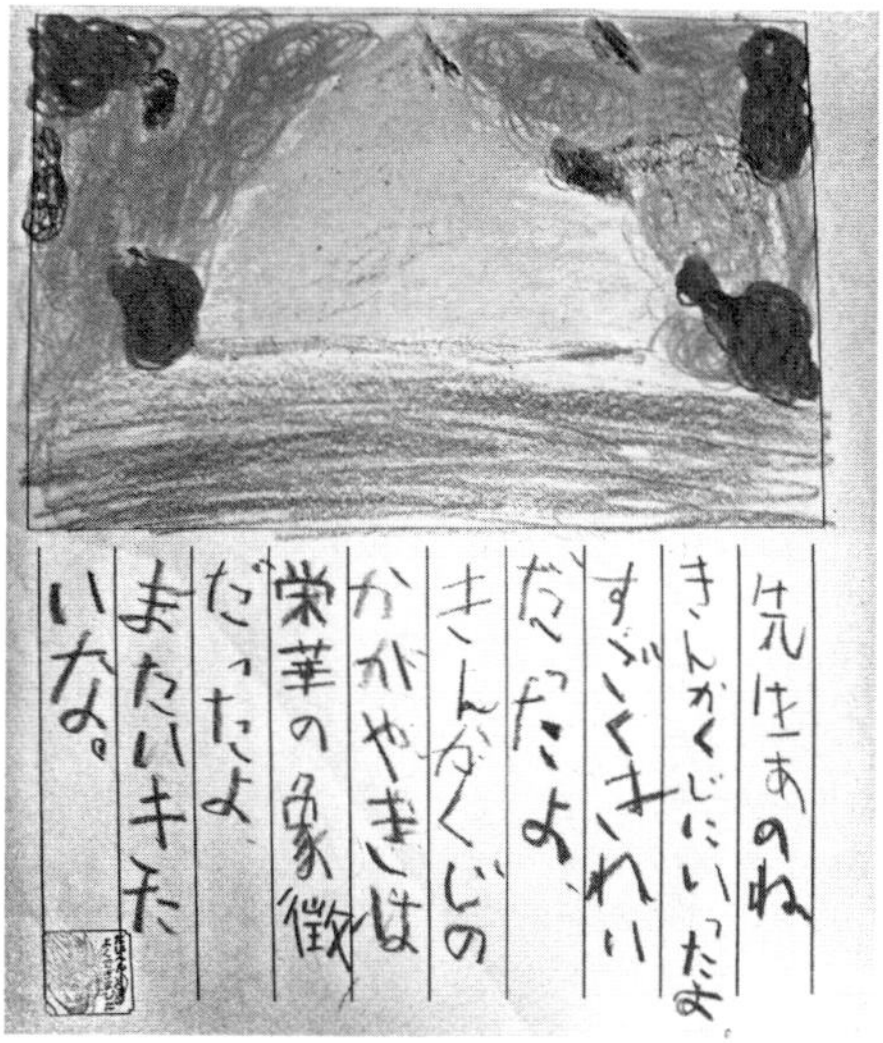

私の学級でも、1年生が書いたとは思えないような「先生、あのね」が続出した。もちろん、子どもたちはノリノリで取り組んでいた。指導のポイントは、ただ1つ。

①6年生に書かせること。

6年生が書いているのだから、1年生が書いたとは思えない作品ができるのは、至極当然のことなのでR（笑）。

作品を書かせた後は、発表会を行う。②

ポイント

①1年生になったつもりで書かせるのだが、1つだけ条件を付けた。それは、「決して1年生が書けないような大人びた表現を必ず1つ入れること」というものである。先の例で言えば、「天は大粒の涙を降らせ続けた」「栄華の象徴」といった表現である。大人びた表現を考えることで子どもたちの頭はフル回転する。

②発表会のポイントは、教師が仕切ることである。DJがハガキを読むような雰囲気で、教師が作品を音読する。

「次は、百田くんの作品です。『先生、あのね。…金閣寺の輝きは栄華の象徴だったよ』…」

「なんで1年生がこんなん書けんねん!」

爆笑の1時間であった。

第2章

かたる

語って伸ばす、
騙ってノセる

6 「伸びたか伸びていないかで見る」ことを語る

記録の伸びを語る

高学年。

計算練習や漢字練習、音読を行う基礎の時間。

「では、準備はいいですか？」

子どもたちは、机の上に、計算プリントを用意する。

わり算の計算プリントである。単なるわり算のプリントではない。あまりを求めるとき、繰り下がりの引き算が必要な問題を100問集めた計算プリントである。このプリントがスラスラできるようになると、四則計算において無敵である…と、4月の段階で子どもたちにハッパをかけている。

あまりのあるわり算　名前（　　　　　　）　　　　（　　）月（　　）日

A	B	F	G
52÷7=　…	52÷9=　…	11÷8=　…	24÷9=　…
22÷9=　…	55÷8=　…	50÷6=　…	70÷8=　…
40÷7=　…	43÷9=　…	31÷8=　…	10÷9=　…
12÷8=　…	20÷6=　…	22÷6=　…	33÷7=　…
23÷6=　…	21÷9=　…	25÷9=　…	53÷8=　…
71÷9=　…	13÷7=　…	51÷6=　…	50÷9=　…
60÷8=　…	22÷8=　…	30÷9=　…	23÷8=　…
11÷7=　…	62÷9=　…	32÷7=　…	20÷3=　…
52÷8=　…	15÷8=　…	23÷9=　…	70÷9=　…
80÷9=　…	35÷9=　…	10÷8=　…	31÷4=　…
秒	秒	秒	秒

C	D	H	I
54÷8=　…	31÷7=　…	12÷7=　…	61÷7=　…
33÷9=　…	62÷8=　…	11÷9=　…	30÷8=　…
10÷6=　…	55÷7=　…	52÷6=　…	51÷9=　…
41÷7=　…	31÷9=　…	40÷6=　…	20÷7=　…
17÷9=　…	50÷9=　…	34÷9=　…	61÷8=　…
30÷7=　…	16÷9=　…	50÷8=　…	41÷6=　…
14÷9=　…	51÷7=　…	42÷9=　…	20÷8=　…
34÷7=　…	11÷4=　…	10÷7=　…	32÷9=　…
61÷9=　…	14÷8=　…	53÷6=　…	13÷8=　…
63÷8=　…	53÷9=　…	12÷9=　…	62÷7=　…
秒	秒	秒	秒

E		J	
10÷4=　…	51÷8=　…	11÷3=　…	40÷9=　…
26÷9=　…	21÷6=　…	15÷9=　…	71÷8=　…
30÷4=　…	41÷9=　…	10÷3=　…	11÷6=　…
53÷7=　…	60÷7=　…	21÷8=　…	20÷9=　…
13÷9=　…	44÷9=　…	60÷9=　…	54÷7=　…
	秒		秒

「制限時間10秒。用意、スタート」

いつも通り、子どもたちは、一斉に計算プリントに取りかかる。

「…7、8、9、10。ストップ。次、Bに行きます。用意、スタート」

鉛筆の走る音だけが聞こえる。

集中した時間。

「…7、8、9、10。次、C。用意、スタート」

[①]**10問の問題が10セット。1セット当たり、制限時間10秒。**たとえ10問できていなくても、時間が来たら、次のセットに移る。

「では、鉛筆を置いてください」

すべてのセットを終え、この日の自分のがんばりを確認する。

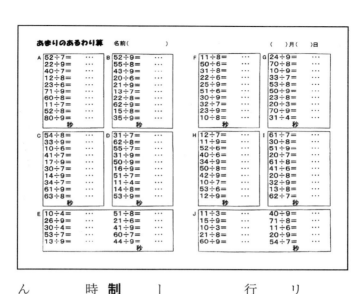

②**「昨日よりも、記録が伸びた人？」**

ほとんどの子の手が上がる。

「昨日と大体同じぐらいだった人？」

5人の子が手をあげる。

「残念ながら、記録が落ちちゃった人？」

毎日同じプリントで練習しているので、4月にやり始めたころと比べたら、すべての子が伸びているのだが、一日一日という単位で見れば、調子の悪い日があって当然である。

バツが悪そうに2人の手があがる。

「③**まぁ、そんな日もあるよね。**明日、がんばりましょう。」

では、次は漢字です。

「5分間漢字、スタート。」

子どもたちの集中は続く。

ポイント

①計算の苦手な子にとって、100問という問題数はかなりハードルが高い。でも、10問なら「やってみてもいいかな」という気持ちになれる。さらに、制限時間は10秒である。集中すべき時間は10秒のみ。これならできる。また、計算が得意な子にとっても、早くできた後、待つ時間はせいぜい5秒ほど。これなら、ストレスなく待つこともできる。

②先生は、「伸びたか、伸びていないかを大切にしています」と、始業式の日に語っている。ただ、始業式の日に1回言っただけで教師の想いが子どもたちに伝わるのであれば、苦労はしない。毎日、語っていく必要がある。特に、いろいろな教科で、授業中に語ることが効果的である。

③がんばっても結果が出ないこともある。「そんなときはスルーすることも大切だよ」と語ることも必要である。

7 ストップウォッチで時を騙る

記録の伸びを語る

高学年。

計算練習や漢字練習、音読を行う基礎の時間。

あまりのある計算プリントは毎日行う。

そして、毎日問う。

「昨日よりも記録が伸びた人？」

同じプリントを毎日しているので、記録は順調に伸びていく。

そのうち、①**最初のころは誰一人できなかった**10秒で10問をクリアする子が出始める。

1人でも、クリアした子が出ると、それに続く子が次々と出始める。

たとえ10問クリアには届かなくても、どの子も順調に記録が伸びていく。特に、プリントを始めて１か月の伸びはすばらしい。

教師は、**子どもたちの伸びを自覚させ**②、ひたすらほめまくるのである。

記録が伸びなくなる時期が来たら…

ところが、毎日続けているとクラス全体としても、記録が伸びなくなる時期が来る。伸び悩みの時期である。

この停滞状態をどのように突破すればよいのか。

「制限時間10秒。**用意、スタート…**③」

いつもの通り、子どもたちは、一斉に計算プリントに取りかかる。

「…7、8、9、10。はい、ストップ。次、Ｂに行きます。用意、スタート」

子どもたちは10セット終了。

「昨日よりも、記録が伸びた人？」

ほとんどの子の手があがる。

「今日はすごいな。最近、記録が伸びていなかったのにね」

子どもたちの表情は笑顔であった。

えっ、何が違うかわからない？

解説は、次ページで。

ポイント

①このプリントをするねらいの1つに、「クラス全員ができないことを体験させる」ということがある。4月当初に「全員ができない」という体験を共有させるのである。毎日続けていくと、そのうち全員がクリアできるようになる。今度は「全員ができる」という体験を共有することができる。
ちなみに、ごく稀に、最初から10秒をクリアできる子がいる。歴代のたわせん学級でも2人いた。2人は、小さいころからそろばん教室に通っているという共通点があった。また、どちらかと言えば、自分から前に出ていくのが苦手という共通点も。しかし、この快挙で、一気にクラスのヒーロー、ヒロインになったのである。

②いろいろな場面で「伸びたか、伸びていないか」という観点で自己評価をさせる。子どもたちの「できたか・できていないか」が重要であるという価値基準を崩していく。学期が進むにつれて、自分だけでなく、クラスの友だちに対しても、「伸びたか、伸びていないか」という視点で見ることができるようになり、漢字テストが90点だった子が、70点の子を本気で認めているような発言も聞こえてくる。
「百田は、えらいな。5年のときは、20点とか30点やったのに。自分もがんばらんとあかんわ」

③実は、「スタート」と言ってから、3秒ぐらい経ってからストップウォッチのスタートボタンを押していたのである。制限時間が10秒から13秒になっているのだから、記録が伸びるのは当たり前である。次の日からは、また10秒に戻す。
「安心したのかな。油断したから、記録落ちちゃったね（笑）」

8 できてなくてもできたと騙る

意欲の伸びを語る

5年、社会科の授業。

「この写真を見て、気づいたこと、わかったことやはてなをノートに書きましょう。時間は、5分です」

1枚の写真やイラストから、自分の気づきやはてなを見つけるこの授業スタイルは、有田和正氏を師と仰ぐ教師にとって、スタンダードナンバー。子どもたちも手慣れたもので、さっとノート作業に取りかかる。

ところが、この日は、私が選んだ写真が悪かったのか、多くの子が3分を過ぎたあたりで、鉛筆の動きが止まってしまう。

もちろん、ノートに書かれている気づきやはてなの量もいつもに比べて少ない。

ただし、子どもたちの集中力はまだ途切れていない。

残り時間は、まだ2分ほどある。

たくさん書かせるために、時間を延長して考える時間を確保するのも、1つの方法である。

しかし、私は別の方法を選択した。

「時間が来たので、やめてください」①
鉛筆の動きは止まっているものの、何かないかと考えて下を向いていた子の顔が上がる。

「じゃあ、発表の前に1つ聞きます」

いつもなら、

「この前より、たくさん書けた人？」②
と聞くのだが、この日は違う聞き方をする。

「昨日より、時間が早く感じた人？」③
ほとんどの子の手があがる。

「すごいなぁ。時間の経つのが早く感じたってことは、すごく集中していたということですよ。がんばりましたね」

ポイント

①実際には、4分も経っていない段階でストップをかけている。どれだけ時間が経過しているか子どもたちには見えないストップウォッチだからできる技（ウソ）である。

②算数の時間だけでなく、社会の時間にも「伸びたか、伸びていないか」という観点で、先生は君たちのことを見ていますよと、伝えるのである。国語や理科の場合、授業の最後の振り返りを5分で書かせて、

「昨日よりもたくさん書けた人？」

という聞き方をする。

子どもたちに自分のがんばりを自覚させるには、「量を問う」のが一番わかりやすい。書く量が減っていても、質がすばらしいものについては、教師が「書いた行数は減って

いるけど、書いている中身がすばらしい。質がアップしている」と評価すればよいのである。

③本当に、1分短いのだから、子どもたちが早く感じるのは当たり前である。こじつけもいいところだが、子どもたちをノセるには、時には、優しいウソを騙ることも必要である。

9 休み時間の伏線を回収する

資料集の魔術師、誕生！

ある日の休み時間。

休み時間に、①**教室で1人ぽつんと資料集を眺めている子がいた。**

この子は自分から積極的に友だちにかかわっていくことが苦手な子。誘われればついていくけれど、声をかけてもらえなければ自分から遊びの輪に入っていくことはできない…。

そんなタイプの子なので、この日は特に何をするわけでもなく、時間つぶしのために、手元にある次の時間の社会科で使う資料集を眺めていたのだ。

休み時間が終わり、授業開始。

その冒頭、彼を指名。

「昌宏くん、奈良の大仏を作ろうとしたのは、何天皇ですか？」

ふいに指名されたものの昌宏くん、なんとか回答。

「は、はい…、聖武天皇です」

「さすが、休み時間にも、資料集を読んでいるだけありますよね。すばらしい」

実は、この発問自体は、資料集を見ないでもわかる基本的な知識を問うものなのだが、あくまでも休み時間に資料集を見ていたからこそ答えることができたんだ！という雰囲気を漂わせ、彼をほめる。

私の言葉の勢いに、まわりの友だちもその気になる。

「昌宏、すげぇやん」[2]

つぶやきが聞こえてきた。

このつぶやきをスルーしてはいけない。

「そうやろ。長い間先生やっているけど、休み時間にまで資料集見ている子なんてはじめてやで」

たぶん（いや絶対）昌宏くんに、次の社会の時間のために資料集を見ていたという自覚はなかったはず。それを承知のうえで、大げさに褒めまくった。

「昌宏くんのことを、『[3]**資料集の魔術師**』と認定します」

昌宏くんもまんざらではなさそうな表情である。

私のこの一言で、クラスの中に「昌宏くんは、資料集の魔術師」という認識が広がり、昌宏くんの意識の中にも「自分は資料集を使うのが得意なんだ」という自覚が芽生えたのである。この自覚は、それまではどちらかといえば授業には消極的だった昌宏くんの意識も変え、社会科の時間を中心に、意欲的に学習に取り組む姿を見せてくれるようになった。

ポイント

①教師は休み時間、どこにいるべきか。時には、職員室でコーヒーブレイクもありかもしれないが、「原則は子どもたちの側にいる」ということになる。「休み時間」というのは、子どもにとって「休み時間」ということであり、教師にとっては「休み時間」は「勤務時間」なのである。例えば「20分休みは、校舎内。お昼休みは運動場」と決めて、「いろいろなタイプの子を見る」という目的意識をもって過ごさなければいけない。今回の例では、社会科の授業の中で、昌宏くんの居場所をつくっていったが、このような機会

がつくり出せず、1人ぽつんという状態が続くようであれば、違うアプローチをしなければいけない。

②このようなプラスのつぶやきをする子をクラスの中で育てていく必要がある。ポイントは、このようなプラスのリアクションをする子を褒めまくることである。

「昌宏くんのことを『すごい』と言える君がすごい」

「いつもいいリアクションをしてくれて、先生はめっちゃうれしい」

褒め続けていくうちに、プラスのリアクションをする子の数が次第に増えていく。

③このように、ある子に焦点を当てて、その子のよいところをクラスのみんなに広めていくことを、私は、「○○くんをプロデュース」と呼んでいる。プロデュースすることで、クラスの中に、その子の居場所を創っていくのである。ただし、気になる子だけにこだわってプロデュースしすぎると、逆にその子がクラスの中で浮いてしまい、逆効果になってしまうから要注意。

10

いちゃもんをつける

めっちゃ難しいぞ

6年生、算数の時間。

3学期、3月。小学校で学習する内容はすべて終了。小学校の総復習の時間。

[①]**「めっちゃ難しいぞ。できなかったら、泣いてもいいんだよ」**

「泣かへんわ（笑）」

おもむろに問題を板書。

「夏菜子ちゃんが3人の友だちにクッキーを4つずつプレゼントしようと思いました。

いくつ、つくればいいでしょうか？」

「簡単や」

「2年生レベルやん！」

「さぁ、それはどうかな？　ノートに式と答えを書いて、できた人は持って来て」

教卓の前に座り、待つ。

一番乗りは、元気者の玉井くん。

「3×4＝12　答え12」

「見たよ」という意味のハンコをノートに押し、**自分の考えを黒板に書かせる**[②]。

次に来た高城くんにもハンコを押し、最終的に先着8名の子に黒板に書くように指示。
①3×4＝12　答え12
②3×4＝12　答え12こ
③4×3＝12　答え12
④4×3＝12　答え12こ
4種類の解答がそろう。

「全部○でいいですか？」

「①と③は違うと思います。答えに単位が書いていないから」

「そうですね。単位が抜けていたら、テストでも×か減点ですよね。では、②と④が○ということで…」

「②も違うと思います。『クッキーはいくつ』と聞かれているのだから、３人ではなくて、クッキーの４つが式の最初に来ないと」

「なるほど。では、④だけが○でいいですか？」

「はい」

「では、正解を言います。残念、間違いです。全部×です」

「え～っ！」

「だって、『いくつ』って聞かれているのに『4こ』っておかしくないですか？『何人』って聞かれたら、『○人』って答えるでしょ？『○匹』とは答えないでしょ？」

「じゃあ、『12つ』が正解？」

「そうやね。まぁ、実を言うと『12こ』でも間違いではないんだけどね」

「**でも**[③]**、なんて読むん？**」

ポイント

①難しい問題のときには、「簡単、簡単」と言って、子どもたちを油断（または安心）させ、簡単な問題のときには、「難しいぞ」とビビらせ（または緊張感をもたせ）ることが多い。3学期になれば、子どもたちもこのパターンを把握しているので、今回は、いったん「あっ、簡単な問題だ」と思わせておきながら、後でいちゃもんをつけるというちょっとひねったパターンにしてみた。高度な情報戦である。

②黒板を子どもたちに開放すると、授業の幅が広がる。

③「12つ」は、「とおあまりふたつ」と読む。「ひとつ・ふたつ・みっつ」は、和語の数詞で、11以降は「とおあまりひとつ」「とおあまりふたつ」「とおあまりみっつ」と続いていく。「20」は、「はたち」。「30」は「みそじ」。
ちなみに、2年生相手には、このようないちゃもんはつけない。
シャレがわかる6年生だからこそできる実践である。

11

「生きる力」を語る

定義するから考える

5年生、総合的な学習の時間。何も言わずに板書。

「生きる力」とは？

「ノートに自分の考えを書きなさい。①**1つ書けたら持って来ましょう**」

持って来た子には、丸をつけ、次の指示をする。

②**「黒板に書いてください。黒板に書いたら、2つめを考えてください」**

10分もすると、子どもたちが考えた「生きる力」の定義で黒板が一杯になる。

・生きる力とは、希望と助け合いと絆のことである。
・生きる力とは、信じる希望をもつ力である。
・生きる力とは、笑顔を創り出す力である。
・生きる力とは、人が神から与えられた使命。
・生きる力とは、喜びがある気持ちである。
・生きる力とは、感情や夢のことである。
・生きる力とは、自分の存在をいかにあげるかということである。　…などなど

「どの意見もいいですね。すばらしい！　この問題に正解はありません。『生きる』とはどういうことか、考えることが大切だと思います。ちなみに、先生は『生きる力とは、自分の幸せを感じ取る力』だと考えています」

③教師の語りが始まる。

ポイント

①比較的簡単に書ける課題の場合、「3個書けたら」「5個書けたら」になる。長蛇の列

をつくらないためである。

②早く課題を終えた子に空白の時間をつくらないための手立てである。「静かに待っていなさい」という指示なら、素人でもできる。

③（次のように語る）世の中には、お金や地位があっても、つまらなそうな表情をしている人がいます。何不自由のない生活をしているのに、不満タラタラの人もいます。また、そんな人とは違い、他の人から見たら、過酷な状況でも笑ってくらしている人もいます。これらの人は、幸せを感じ取るアンテナの感度が鋭いのです。たとえ今の状況が幸せでないとしても、未来の幸せを感じ取ってがんばっているのかもしれません。自己否定や絶望の中からは、何も生まれません。自分の幸せを感じる（または信じる）ことができる人は、前向きな人生を送ることができるのです。笑顔が生まれ、夢もかなうはずです。だから、君たちには、「自分の幸せを感じ取る力」を磨いていってほしいと思っています。この時代の日本に生まれたということだけで、君たちは無条件に幸せなんですから。

第3章

見る
無意識の技を意識化する

12 自分の視線を意識する

ふと気づけば、あそこが騒がしい

4年生、国語「ごんぎつね」の導入。
教師が発問を黒板に書く。

ごんは、どんなきつねですか?

「時間は5分です」①
子どもたちは、自分の考えをノートに書くという学習活動に取りかかる。
鉛筆が走る音だけが聞こえる。

いつもの風景。教師は、教室の前で②**何気なく子どもの様子を眺めている**。

2分、3分と時間が進むにつれ、鉛筆の動きが止まる子も出てくる。自分の考えをノートに書ききった子どもである。ただし、5分という時間内はさらにプラスαができないか考えている。

子どもたちが集中して取り組んでいる空気は崩れてはいない。いい雰囲気である。

そして、教師はその様子を眺めている。

ところが、③**ふと気づけば**、窓側の席が騒がしくなっている。

その声は、明らかに集中している子のじゃまをしている。

突然、雰囲気が崩れたことに、多少イラッときた教師は叫ぶ。

「おい、玉井！　静かにせんか」

静寂は再び訪れるが、教室の雰囲気は悪くなる。

ポイント

①「時間は5分です」という指示だけで、子どもたちが動き出すことはない。表面には現

れない裏ルールや隠れ指示が存在する。この場面における俵原学級の裏ルールや隠れ指示は次のようなものである。

裏ルール　黄色のチョークで四角囲みされた発問・指示はノートに写す。
隠れ指示
・黒板に書かれた発問をノートに写しなさい。
・自分の考えをノートに書きなさい。
・そう考えた理由を書きなさい。
根拠になった文章があるのなら、その部分を写し書きしましょう。何ページの何行目ということも忘れずに。
・早く終わったと思っても、時間内は、さらに考え続けましょう。

年度のはじめには、隠れ指示は隠れていない。子どもたちの中に定着していくにつれて、指示を少しずつ減らしていくのである。

②「何気なく眺めている」とは、「無意識の状態で見ている」ということである。無意識

の状態は、教師のクセが出やすい。

教師の視線にも、それぞれクセがある。

右側ばかり見ている人、遠くの子ばかり見ている人、視線が定まらない人…などなど。

③自分の視線のクセを把握しておけば、意識して視線を動かすことができる。

例えば、「左側ばかり見てしまうクセがある」と把握していれば、「右側を見ていないことが多くなる」ことが自覚でき、右側をよく見ようと意識することができる。

この例でも、視線を玉井くんにも送ることができていれば、彼が騒ぎ始めることはなかったかもしれない。子どもたちは、自分のことを見てほしいのである。教師とのアイコンタクトがあれば、集中力ももう少し続いたかもしれない。玉井くんが騒ぎ出したのは、教師の責任でもある。

13

目力全開で1人を見つめる

ファイナルアンサー？

6年生、社会科。
この日は、①**「クイズ武士オネア」**のクイズ合戦。
教師がつくった問題を全員で答える。

第1問　1575年、甲斐の武田軍と織田・徳川連合軍が戦ったのは？
A　大化の改新　　B　関ヶ原の戦い
C　長篠の戦い　　D　G1クライマックス

子どもたちは、**ノートに答えを書き込む。**②

「Aだと思う人？　０人。そうだよね。大化の改新は、中臣鎌足だよね。では、Bだと思う人？　６人。Cだと思う人？　27。Dだと思う人？　１人」

ちなみに、DのG１クライマックスは、新日本プロレスの夏のシリーズ名。お調子者の田口くんが手をあげた。

「Dのはずないやろ。G１クライマックスはいつからやってんねん」

軽くいじって、正解を告げる。

そして、第2問。

第2問　その戦いで織田信長が使用した新兵器とは？
A　騎馬　　B　鉄砲　　C　鉄製の刀　　D　ジオング

同じようにノートに答えを書かせる。

そして、答え合わせ。ただし、今回は田口くんに答えを聞く。

「田口くん、答えは？」

「Dのジオングです」

またしても、おふざけ回答。

私はヤンキーの仕草で彼に近寄る。

「はぁ、ジオングゥ？　ファイナルアンサー？」

ふざけすぎるのはよくないのかな…と、実は空気が読める田口くんは、解答を変える。

「いえ、Bの鉄砲に変えます」

「Bの鉄砲。ファイナルアンサー？」

「ファイナルアンサー」

彼の机の横に行き、**目を見つめる。**③
「ファイナルアンサー？」

「ファイナルアンサー」

目を見つめたまま、30秒経過。

クスクス笑い声も聞こえる。

「……………正解！　田口くんに拍手」

教室が盛り上がる。そして、その雰囲気のまま45分が終了する。

ポイント

①かって一世を風靡したクイズ番組「ミリオネア」のパクリ、いや、インスパイアされ、オマージュした実践。答えは4択。そのうち1問はふざけた選択肢。この後、子どもたちにも、江戸時代をテーマに、問題をつくらせた。そのときも、ふざけた選択肢を1つ入れるというルールは継続。

②「A」「B」というような記号で解答させるのではなく、「大化の改新」「関ヶ原の戦い」というように答えそのものを書かせるようにする。書くことによって、基礎基本を定着させるのである。

③クラス全員を見つめることは大切だが、このように1人の子に焦点を絞って見つめることも、時には必要である。一見、個に焦点を当てているようだが、クラスの子どもたち全員の視線もそこに集中する。集団を意識しながら、個に対応している状況である。

14

子どもに視線を意識させる

どこを見て、暗唱しますか？

5年生、国語。

「枕草子、夏」①
子どもたちは、その場で起立し、暗唱する。

「夏はよる。月の頃はさらなり。やみもなほ、ほたるの多く飛びちがひたる。また、ただひとつふたつなど、ほのかにうちひかりて行くもをかし。雨などふるもをかし」

「グッドです。もう完璧に暗唱できていますね」

軽くほめて、次のように問う。

「『月の頃はさらなり』を暗唱しているときは、どこを見ればいいですか？」

視線を意識して暗唱している子どもは、まずいない（劇団に入っている子でもいれば別だが）。

そこで、子どもたちにも**視線を意識して暗唱（音読）をする**[②]ように指導するのである。

「月だから上を向けばいいのかなぁ」

「では、『ほたるの多く飛びちがひたる』は？」

「自分たちのまわりにたくさんホタルがいるという感じだから、まわりを見渡すように」

視線を考えることによって、書かれている状況を想像することになる。

「では、やってみましょう」

暗唱のレベルが一段階アップする。

左向け左！　回れ右!!

このような古典等の暗唱は、参観日の授業に入る前のウォーミングアップとして、保護者のみなさんに見てもらうには最適なネタである。

「それでは、暗唱始め！」

「春はあけぼの。ようようしろくなり行く…」

「春はあけぼの。ようようしろくなり行く…」

「左向け左」

「春はあけぼの。ようようしろくなり行く…」

そして、ラスト。

「回れ、右！　おうちの人の方を向いて」

「春はあけぼの。ようようしろくなり行く山ぎは、すこしあかりて、むらさきだちたる雲のほそくたなびきたる。夏は…」

体の向きを変え、視線を動かすことで、楽しみながら繰り返し何度も読むことができる。保護者的にも、最後に自分たちの方を向いて暗唱する子どもたちの姿を見ることができ、好評である。もちろん、参観日だけでなく、普段の授業から**「右見て左見て、回れ右」**③の暗唱を行っておくことは言うまでもない。

ポイント

①たわせん学級では、暗唱集をつくって、国語の時間などを使って暗唱を行ってきた。暗唱集の内容は、担任する学年によって少し変えていたが、「寿限無」「春の七草」「初恋（島崎藤村）」「譲二の言葉（吉本新喜劇・島木譲二のセリフ）」そして「枕草子」は、定番メニューであった。

②視線を意識した音読指導は、どの学年でも行うことができる。「くじらぐも」等、視線を意識した音読指導には最適である。

③「右を向く。左を向く。後ろを向く」以外にも、「隣の席の人の方を向いて読む」「教室の好きな場所に行って読む」「先生の方を向いて読む（この場合、先生は教室の前にいない）」など、いろいろなバージョンがある。サッと、体の向きを変える練習にもなり、聞き方指導にもつなげることができる。

15

聞き手を意識して話させる

だれに向かって発表したらいいですか？

4年生、国語。
「白いぼうし」の授業。
この時間の中心発問はこれ。

「白いぼうし」のキーワードはなんですか？

キーワードを考えることによって、「白いぼうし」で「作者が伝えたかったことに気づかせる」というめあての授業であった。このキーワードを基に、次の時間に「白いぼうし」のキャッチコピーを考えるという単元の流れである。

まず、５分間でノートに自分の考えを書き、討論スタート。

「ぼくは、『白いぼうし』だと思います。理由は、題名が『白いぼうし』だからです」

「私も『白いぼうし』です。『白いぼうし』がないと、お話が止まってしまうからです」

「私は、『よかったね』です。最後に出てくる大切なセリフだからです」

討論は続く。

たわせん学級の場合、討論の授業では、[①]**机の配置をコの字形式**に変える。

・聞き手の方を見て話す。
・話し手の方を見て聞く。

　これらを徹底しやすいからである。

6月末のこの時期にもなると、聞き手のことを意識して発表できる子は増えてきている。

しかし、「先生に話を聞いてもらいたい」という想いからか、教師に向かって発表する子もまだまだいる。

「先生ではなくて、②**クラスのみんなに向かって発表してね**」

この指示でほとんどの子は、聞き手のクラスの友だちを意識して発表し始める。

ただ、それでも、まだどこを向いて発表したらよいのかわからない子もいる。

その子には次のように指示をする。

「自分の席から③**一番遠くにいる友だちに向かって発表するんですよ**」

時には、その場所に教師が移動して、「ここ、ここ、ここで～す」と言うこともある。

ポイント

①たわせん学級の通常モードの机配置は、すべての机が黒板の方向を向いているいわゆる普通の「スクール形式」と言われるものである。この通常モードに、討論の際に行う「コの字形式」と、班の形になる「アイランド形式」の2パターンを付け加え、状況に応じて机の配置を変えている。4月当初に、机をサッと動かす練習をすることもある。ダラダラと机を動かすと、授業のテンポが崩れ、雰囲気が悪くなるからである。

②聞き手に対しては、「発表している人の方を向くんですよ」という声かけをしているのだが、意識が弱い子に対しては、「発表している人に失礼です」という指導もつけ加える。

ちなみに、斉藤孝氏は、『コミュニケーション力』（岩波新書）の中で、「コミュニケーションの基盤」を次のように述べている。

基本原則その１　目を見る　　基本原則その２　微笑む
基本原則その３　頷く　　基本原則その４　相槌を打つ

高学年の場合、この基本原則を紹介して、意識するように伝えることもある。

③もしくは、「一番話を聞いてほしい友だちに向かって発表するんですよ」「一番話を聞いていない友だちに向かって発表するんですよ」と話すこともある。

16 見せたいところはあえて隠す

資料の再加工で理解度アップ

４年生、社会科。

「ご当地キティちゃんをつくろう」という単元。

原実践を行った２００５年12月現在では、兵庫県に存在していたご当地キティは19種類、そのうち９種類が神戸であり、他の地域にも、丹波の黒豆キティのような有名どころはあるものの、今ほど各地域にご当地キティは存在していなかった。

そこで、「兵庫県の自然や産業と人々のくらし」の単元で、このご当地キティを教材として使うことにした。

単元名は、①**「ご当地キティで兵庫をプロデュース。」**

まず、それぞれの地域のオリジナル「ご当地キティ」を考える。そして、その後、一押しのクラスオリジナルのご当地キティを選ぶ検討会で自分の考えたご当地キティをプレゼンする。このような単元の流れである。

ラストの検討会のプレゼンでは、調べた内容を何枚かのフリップにまとめたものを使う。その際、指導した項目は次の通り。

- 客観的な資料を集める。
- 集めた資料を自分の言葉になおす。聞き手の言葉になおす。
- **見せたいところは隠す。**[2]

資料の再加工[3]である。

ポイント

①現在なら、「ゆるキャラで兵庫をプロデュース。」となるであろう。要は、各地域の特色

を表すことができる「何か」であればいいのである。

②「見るな」と言われると、むしろかえって見たくなるものである。この心理を利用する。テレビの情報番組やフリップ芸人たちもよく使う手法である。自分が一番主張したいところを紙で隠すだけ。算数の定義を書いた掲示物など、社会科以外でも使える技である。ちなみに、禁止されれば禁止されるほどやってみたくなるこの心理現象のことを「カリギュラ効果」という。知っておくと、ちょっと賢く見えるかも（笑）

③資料や図鑑の丸写し、ネットで検索したページをプリントアウトしてノートに張り付けるのみ。このように、とりあえず調べ活動はしたけれど、調べた本人自身がよくわかっていないことがある。活動はしたけれど、学習にはなっていないのである。

第4章

演じる

演じる者は救われる

17 授業のためにキャラを演じる❶

「ハロー!」青い目の先生を演じる

２０２０年から、いよいよ外国語活動が教科化される。

英語の授業を行うことに不安をもっている先生方も多いと思う。

これは、さらに昔。はじめて外国語活動が導入されるころのお話。

当時は、大学の教職課程で小学校英語などあるわけもなく、指導方法も素人同然、自分自身、話せる英語としては、「貴様のケツを蹴っ飛ばしてやる」だとか「ロック様の妙技を味わいやがれ」のようなプロレス会話のみ。

そのような英語超初心者の私でも、「なんとか子どもたちに英語の楽しさを味わわせたい」と考えた方法が、これ。

見た目だけでも[①]ネイティブになる。

幸い（？）髪は茶髪だった（今は真っ白）ので、そこはオッケー。

残すは…。

かくして、私は、青のカラーコンタクトを買いに**お店に向かったのであった。**[②]

「財前教授の総回診です」医者を演じる

６年生、理科「体のつくりとはたらき」。

消化器官を学習する時間に使うワークを作成。

色画用紙に、胃、小腸、大腸などのパーツを印刷。それを人体くんに貼っていくというもの。

「白い巨塔」のＢＧＭを流し、**私は白衣を着て登場。**[③]

とりあえず、見た目だけでもお医者さんになって、ひと言。

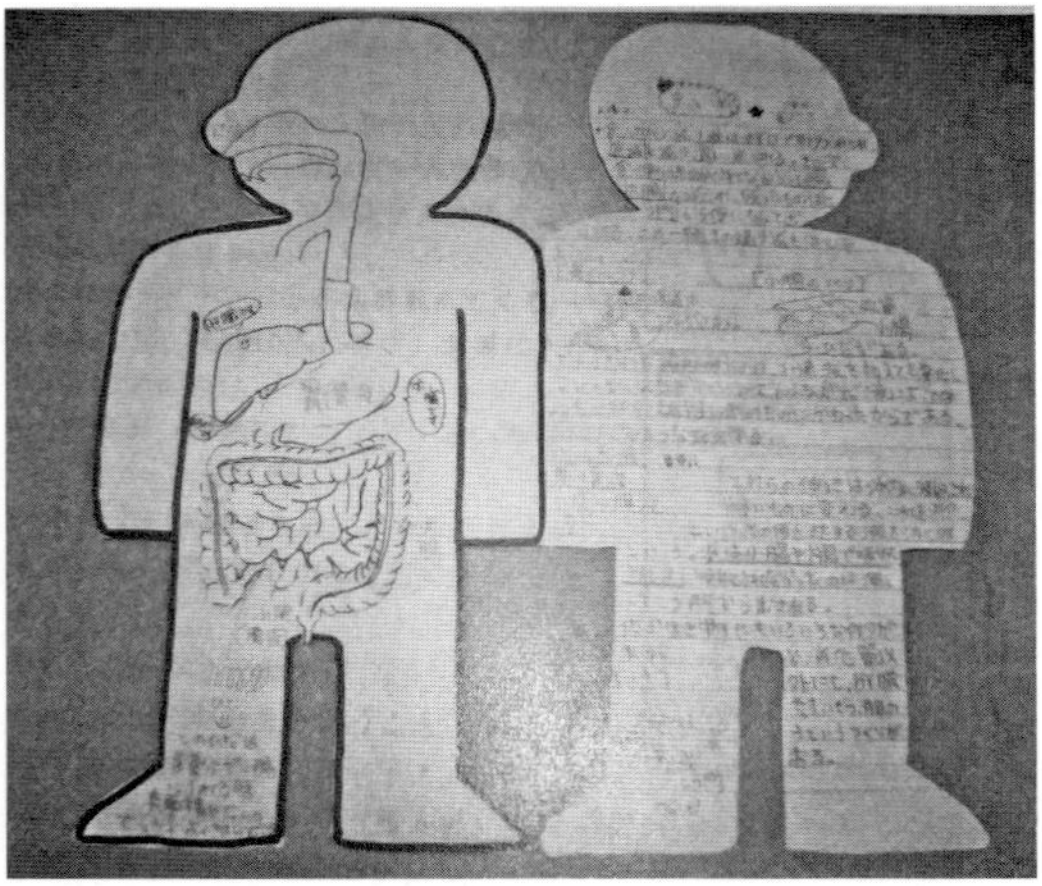

「今からみんなに緊急オペをしてもらいます」

どちらかと言えば、教師の見た目は医者というより給食当番っぽいのだが、あくまでも、お医者さんというキャラで突っ走る。

「まず、胃、小腸、大腸などに色を塗ってください。色が塗れたら、それを人体くんに貼っていきます」

実際に貼る前に、一度チェックする。

「これやったら胃と小腸がつながってないぞ」

「直腸が体からはみ出とる」

このチェックに合格したものから、人体くんに貼っていく。


次の時間は、調べ学習。

教科書を音読し、キーワードに下線を引かせた後、人体くんの開いた右側に、キーワードが漏れることがないように、調べたことをまとめさせた。

ポイント

①キャラづくりという意味だけでなく、そもそも教師にとって見た目は大切。ダラッとした雰囲気の教師は、授業もダラッとなりがち。詳しくは、拙著『教師は見た目で9割決まる！』（学陽書房）をご覧ください。宣伝でした（笑）

②青のカラーコンタクトを無事購入。しかし、コンタクトを目に入れるのが怖く、結局1回しか使用せず。最もコストパフォーマンスの悪い出費になった。

③この単元だけでなく、理科の時間に白衣を着ることは、よく行った。科学者っぽい雰囲気になる。こちらのコストパフォーマンスはよかった。

18

授業のためにキャラを演じる❷

先太郎兄さんを探せ！

4年生を担任していた夏休み。

私は、兵庫県中を駆け巡っていた。2学期に行う授業のために。

①ここ、ど～こだ？

1枚の写真を見て、その場所がどこであるか考える、という実践がある。

教科書、地図帳、その他の資料、それぞれの子の先行体験&知識、そして、野生の勘等を駆使して、1枚の写真から情報を取り出し、その場所を特定するのである。

謎解きの要素も強く、子どもたちがノってくる実践である。

4年生の社会科に「私たちの県のまちづくり」という単元がある。私は、この単元で「ここ、ど～こだ？」の実践を行うことにした。あるキャラクターが兵庫県全土をまわって、子どもたちに指令を送るという設定である。

「実は、先生には幼いころに生き別れた『先太郎』という名前のお兄さんがいるんです。何と、30年ぶりにその先太郎兄さんから手紙と1枚の写真が送られてきました。どうやら、兵庫県らしいのですが、みんなも一緒に先太郎兄さんがどこにいるのか探してくれませんか？」

②**このステキな思いつき**を実現するために、夏休み、兵庫県中を駆け巡ることになったのである。

「すみません、授業で使いたいのですが…」

夏休みに入り、実際に現地に赴き、それぞれの地域の特徴的な場所をカメラに収めていった。

普通の観光客では見ることができない場所や本来なら撮影不可なものを特別に許可してもらえることも多かった。

まさに、③**「授業で使いたいのですが…」という言葉は、魔法の言葉である。**子どもたちのためなら…と、④**いろいろな配慮をしてくださった方々に感動した**ことを今でも覚えている。

ポイント

①「ここ、ど～こだ?」は、「マンホールの写真から、そのマンホールがどこの市のモノか考える」「特徴的な家の写真を見て、どこの地方にあるか考える」等、応用範囲の広いネタである。

②4年生ぐらいになると、このような教師のネタフリもわかった上でノってくれる子もいるが、マジに受け止めてノってくる子もいて、教室中が騒然となることもあった。

③私の師匠である有田和正先生は、もっとすごい。取材にいく前に先方から資料を送ってもらい（ここまでは私もしたことがある）、即、お礼を書いて（ここもなんとか）、追加の資料を請求（資料を見て、さらに、はてな浮かんだ場合、行ったこともあった）。さらに、これをもう一度繰り返すらしい（さすがにこれは無理）。

ここまでしていると、相手の人も覚えてくれていることが多く、魔法の言葉を使うまでもなく、普段入れないようなところまで案内してもらっていたらしい。

さすが、追究の鬼である。

④比較的時間に余裕がある夏休みには、みなさんも教材研究をとことん楽しんでほしいと思う。

19

知らないふりして、その気にさせる

あれっ、これはどうなるの？

3年生、算数。

教科書に書かれている直径の定義を音読。

「中心を通り、円のまわりからまわりまで引いた直線を、『直径』といいます」

教師は、黒板に円をかき、円の中心を押さえながら、つぶやく。

「中心を通り…」

次に、円周上の一点を押さえ、中心を通って、その反対側の円周上まで、直線を引く。

「円のまわりからまわりまで引いた直線…。これが、直径ということですね」

子どもたちに問いかける。素直な子どもたちはうなずく。

教師は、子どもたちの反応を見て、①**いったん満足そうにうなずくものの、表情を変えてひと言。**

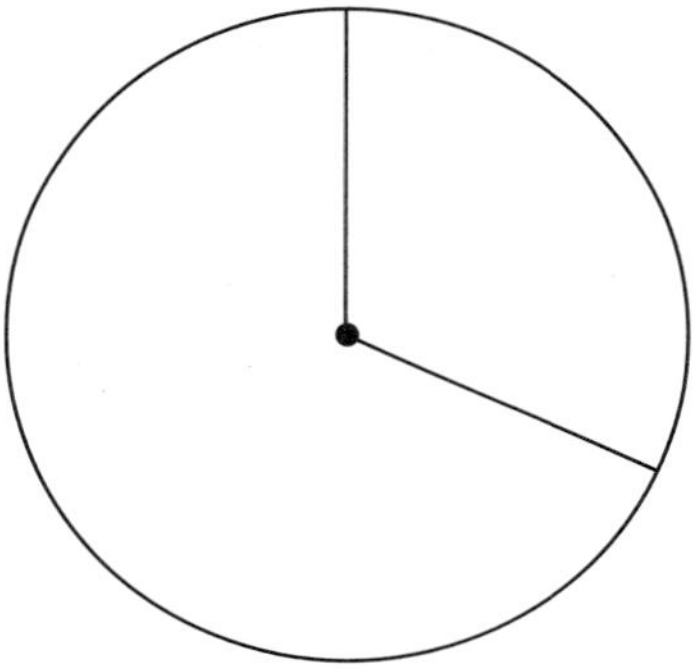

「あれっ？」

首を傾げた教師に子どもたちは問いかける。

「先生、どうしたの？」

②**「これって、直径って言えるかな？」**

上の図のように板書する。

「え～っ、違うよ」

「教科書の図はそんなんじゃない」

素直な子どもたちは、反論する。

「でもね。これ、中心を通っているでしょ？」

「うん」

「で、円のまわりから円のまわりまで、直線で引いてるやん」

教師が、教科書の定義に沿って説明する。

「ほんまや。これも直径なんや」

「でも、なんか違うと思う。これ、途中で折れ曲がってるし」

「そやけど、直線やで。曲線じゃないし、いいんとちゃうの」

素直な子どもたちは、混乱する。

「先生、どっちが正しいの？」

「③**う〜ん、わかりません**」

「え〜っ！」

子どもたちから不満の声が上がるが、答えは言わない。

「先生も調べてくるから、④**みんなも調べてきてね。**答えがわかったら教えてください」

モヤモヤとした感じで授業を終える。

ポイント

①ここが、教師の演技の見せ所。…といっても、アカデミー賞並みの演技を求められているわけではない。ＮＨＫの教育番組並みのオーバーアクションが求められるのである。

②わが師匠、有田和正氏の追試である。
答えが気になる方のために、ここで正解を述べる。
「これは、直径ではない」が正解である。直径の定義には、「面積を半分にする」という
ものがあるということが、その理由である。教科書ではなく、いくつかの辞書を探して
みれば、この定義に行きつく。直径でない理由は、「面積を半分にする」以外にもいく
つかあるが、そこは各自調査すること。自分で調べた方が楽しいから。

③中には「先生は、本当は知っているのに知らないふりをしている」と薄々感じながらも、
大人の対応をしてくれる子もいる。そのような子は、教師が本当にわからないときにで
も、「また先生は知らないふりをしている」と善意の誤解をしてくれることがあり、と
ても助かる（笑）

④次の算数の時間に答えを言うことはない。結構引っ張る。かつて、たわせん学級では、
兄弟、保護者、塾の先生までも巻き込んだ調べ学習になった。

20

授業のためでなくてもキャラを演じる

教師は日常でも演じなければいけない

「社会科で生き別れの兄を演じる」
「外国語活動でネイティブを演じる」
「理科で医者を演じる」

など、ある特定の授業で何かを演じるだけでなく、教師は日常的にも演じていなければいけない。

では、教師は日常で何を演じなければいけないのか？
それは、「上機嫌の教師を演じる」のである。

教師といえども、１人の人間である。

授業がうまくいかなかったとか、保護者対応が後手に回ったとか、お気に入りの球団が負けたとか、推しの子が卒業したとか、いろいろな理由から、気持ちが折れそうになっていることもあるだろう。

しかし、いつ、いかなるときも、**[①]「教師は上機嫌でなければいけない」**のである。

だから、本当は上機嫌ではなくても、上機嫌の教師を演じなければいけないのである。

怒っていなくても…

さて、いくら「上機嫌の教師を演じる」ことが大切だと言っても、そんなことを言っていられないこともある。

例えば、次のような場面である。

「玉井くん、どうして高城くんをたたいたのですか？」

「だって、高城がボクのことをにらんできたから」

「それは、玉井がオレの方見て笑ったから」

「笑ってへんわ！　ウソつくな！」

「[2]**2人とも、ちょっと待ちなさい**」

けんか発生。

こんなときに上機嫌でいては、入る指導も入らなくなる。

むしろ、このようなケースでは、

不機嫌な教師を演じる

必要がある。

怒りのままに子どもたちと接してはいけない。

[3]**心は冷静。**

でも、[4]**見た目は、ニコニコとした笑顔を封印して対応。**

あくまでも、演じるのである。

ポイント

①上機嫌の教師を演じるポイントは、何といっても「笑顔」である。
楽しくなくても、とりあえず笑うのである。

「楽しいから笑うのではない。笑うから楽しいのである」

ウィリアム・ジェームズの名言。

演じているうちに本当に楽しくなってくるものなのだ。

そして、笑顔は連鎖する。

笑顔の教師が笑顔の子どもを育てる

のである。

②この教師の対応は、実はＮＧ。子どもから話を聞こうという姿勢自体は間違っていないが、けんかの当事者である2人にフリーに話させたことがいけなかったのである。ここ

は、1人ずつ話を聞かなければいけない。この例で言えば、玉井くんが話をしている途中に、高城くんに乱入させてはいけないのである。

「今は、玉井くんに聞いているので、高城くんは少し待っていてください」

このように言えばいい。

そして、ひと通り玉井くんに話を聞いた後、高城くんから話を聞く。このとき、2人の言うことが食い違っていたら、もう一度玉井くんから話を聞く。話の食い違いをそのままにしておくと、お互い不満だけが残る。

事実関係がわかった後、それぞれ自分の悪かったことを自覚させて、お互い謝罪させる。

教師は、お互いの気持ちには共感しつつ、行動に対しては、毅然とした態度で臨む。

③心を冷静にするためにも、一度「ニコッ」と笑ってから、けんか現場に駆けつけることをおすすめする。笑顔には、脳を冷却する機能がある。
怒りのまま、現場に駆けつけてはいけない。冷静な気持ちでけんかの対応をしなければいけない。

④ニコニコした笑顔を封印した教師を演じるときには、話し方もそれなりの方法を意識しなければいけない。
キンキンした金切り声で早口でまくしたてても、子どもたちの頭の上を素通りするだけである。いつもより、少し低めの声で、ゆっくりと話すようにする。音読カードの「低い」と「ゆっくりと」の2枚のカードを引いたと思って話すように。

21 鼻歌を口ずさむ

上機嫌の教師が楽しい授業を生む

1年生、算数「かたちづくり」。

色板や色棒を使って身の回りの形や指定された形をつくる時間。

私は、若い先生の授業を参観している。

子どもたちは、教科書に書かれている通りに、色棒を並べていた。

「おうまさん、できたよ」

1人の女の子が、①**すぐそばに立っていた私にうれしそうに声をかけてくる。**

「では、棒を1本だけ動かして、お馬さんを右に向かせましょう」

担任の指示が入った。

「簡単、簡単。見てて」

私に声をかけた女の子は、誇らしげに色棒を１本動かして馬の向きを変える。私は彼女のがんばりに対して、②**音を立てずに拍手する。**

「棚橋くんも見せてあげなよ」

女の子は、隣の席の男の子にも声をかけた。

女の子の勢いに気押され、男の子はおずおずと手を動かし始める。

私は、その男の子の机の横にしゃがみ込み、小さな声で運動会の時によく流れる③**ＢＧＭ「天国と地獄」を口ずさんだ。**

「♪チャン、チャ〜ン、チャカチャカ、チャン、チャン、チャカチャカ、チャンチャンチャカ、チャカカチャカチャカチャカチャカ♪」

その瞬間、それまで自信なさげに色棒を動かしていた④**男の子の表情が笑顔に変わった。**色棒を動かす手にも勢いが感じられる。隣の女の子もその様子を楽しそうに見ている。

「では、前でやってみたい人？」

⑤**２人は勢いよく手をあげた。**

ポイント

①彼女が私に話しかけてきた一番の理由は、私がイケメンだからではなく、ニコニコと笑顔で授業を見ていたからであろう。

話は、少しずれるが、時折、眉間にしわを寄せ、指導案に何か書き込みながら研究授業を見ている先生がいる。子どもたちにも、授業者にも嫌なプレッシャーをかけることになるので、そのような先生には早急にお引き取りいただきたいと常々思っている。

②本来、授業を参観している者は、授業中子どもたちにかかわってはいけない。だから、音を立てない拍手なのである。ただ、この音を立てない拍手は応用範囲が広い。静かにしなければいけない場面で、子どもたちをほめたいときには意識的に使っている。

③研究授業中に参観者が子どもにかかわるということは、タイムスリップした現代人がその時代の人々にかかわるぐらいしてはいけないことである。その結果、歴史を変えてしまうことになるかもしれないからである。と思いつつも、参観していた授業は、研究授

業ではなかったので、つい反応してしまった。それでもあまりほめられることではない。
④このようなちょっとしたＢＧＭを口ずさみ、奏でることは、自分のクラスでは、日常の出来事であった。それだけに、このときの男の子と女の子のめっちゃうれしそうな反応は「そこまで喜んでくれるの！」というぐらい、私にとっても予想外であった。
私もニコニコ。子どもたちもニコニコ。

ほんのちょっとしたことで、子どもたちのノリが変わってくる典型的な例である。
⑤はりきって挙手をしたものの、２人は指名されなかった。
担任は、教室の隅っこで小さなドラマがあったことを知らないのだから、当然と言えば当然である。

残念そうな表情の2人に、フォローを入れる。

笑顔で、「いいね」のハンドサイン。

２人も笑顔でハンドサインを返してくれた。

22

大げさに驚く

6年生の問題だけど、できる？

1年生、国語の時間。

担任が出張。代わりに授業に入る。

2月、子どもたちはすでに多くの漢字を学んでいる。

「今日は、この間、6年生がした問題に、みんなにも挑戦してもらおうと思っています。

できるかな？」

「できる、できる」

つかみは、オッケー。

「①**この中に、いろいろな漢字が隠れています。**わかりますか？」

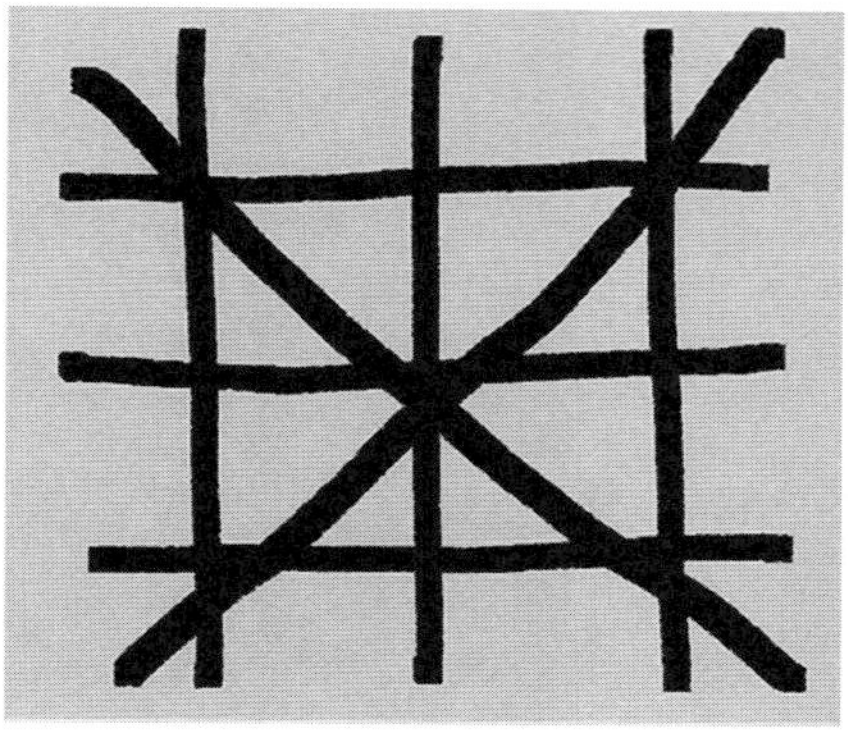

勢いよく手が上がる。

「はい、哲也くん」

「『山』という漢字です」

「正解。すごいねぇ」

②オーバーアクションで驚く。

「まだ、ある」

「うっそぉー。すごいな。１年生とは思えない」

さらにオーバーアクションで反応する。

「『川』があります」

「『田』もあります」

③3名に答えてもらったところで、自分のノートに書く作業に入る。

この後の机間巡視は、オーバーアクションに変顔も加え、ほめまくる。子どもたちの勢いは止まらない。鉛筆が休むことなく動いていく。結果、子どもたちは、平均30個の漢字を探し出した。授業の最後の私の言葉。

④「めっちゃ、すごい！　１年生の日本新記録かもしれない」

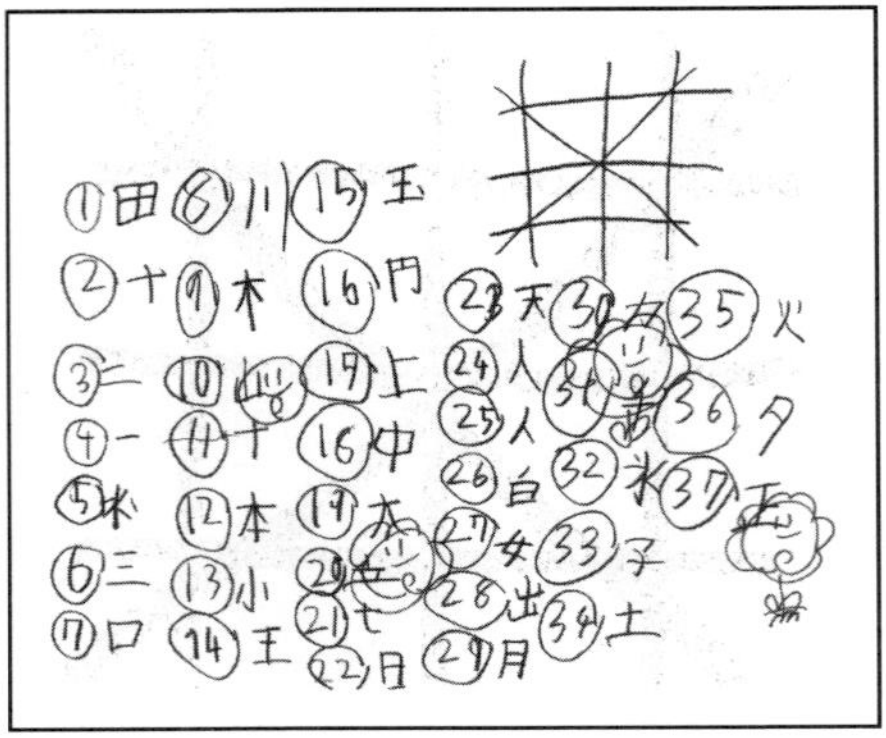

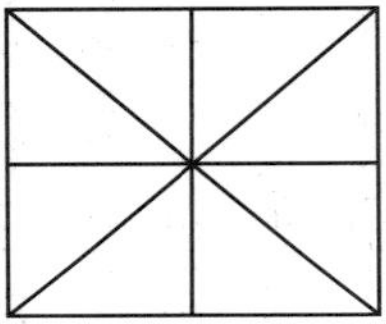

ポイント

①向山洋一氏の修正追試（原実践は、上の図から探す）。

②踊るさんま御殿の明石家さんま氏の動きをイメージしてもらえばよい。明石家さんまを演じるつもりで（笑）。

③クラスの中には、教師の説明だけではやり方がわかりづらい子もいる。このような問題が得意な子3人ほどに答えてもらい、やり方のイメージをつかませてから、個人作業に入る。この後、教師は机間巡視しながら、もう少し詳しく個人的に補足していく。

④ある子のノートを上に紹介する。

第5章

読ませる

音読で子どもを
ノリノリにする

23

だれよりも教師が声を出す
「子曰はく、」「子曰はく、」「子曰はく、」「子曰はく、」

5年生、国語。古典の授業。

子曰はく、「過ちて改めざる、是を過ちと謂ふ（う）」と。


黒板に書かれている論語の一節を音読する。

まず、教師が第一声を出す。

「子曰はく、」

「子曰はく、」

教師の声に対して、①**子どもたちの声は小さい。**

もう一度、教師が同じところを音読する。

「子曰はく、」

「子曰はく、」
②**子どもの声が少し大きくなる。**
教師はさらに大きな声でもう一度音読。

「子曰はく、」

「子曰はく、」
③**教室に子どもたちの大きな声が響く。**音読を進める。
「子曰はく、『過ちて改めざる、』」

「子曰はく、『過ちて改めざる、』」
④**今度は最初から大きな声が出る。**
「いいですね。最後まで行きます」

一言ほめて、最初から最後まで一気に読む。

「子曰はく、『過ちて改めざる、是を過ちと謂ふ（う）』と」

「子曰はく、『過ちて改めざる、是を過ちと謂ふ（う）』と」

満足げにうなずき、教師は笑顔でほめる。
⑤**「すばらしい！　…では、もう一度」**

ポイント

①子どもたちの声が小さいときに、
「もっと大きな声で読みましょう」

などと言う必要はない。お小言（的な指導）を言わずに、もう一度同じところを教師が読めばよいのである。お小言を言うと、教室にマイナスのオーラを振りまくことになる。教師がスルーせずに、もう一度行ったことで、子どもたちは「あっ、声が小さかったんだな」ということに気づき、大きな声を出そうとするものである。

②教師がよい見本を見せて、やり直しをさせれば、前回より必ずよい結果が現れる。一番いけないのは、お小言だけ言って次に進むことである。マイナスのオーラを振りまいた

だけで、子どもたちの伸びる機会を奪っているからである。百害あって一利なし。だが、無意識に行っている教師は意外に多い。

③この事例では、３回目で大きな声が出たが、教師が満足できないレベルであれば、何度でも「子曰はく」の部分を繰り返せばよい。だれよりも教師が声を出して。

④一度、大きな声が出るようになれば、後戻りすることはない。

⑤最後に、ほめられて終わる。
叱られながら終わるのとは、大きな違いである。

教師は、お小言を言わず、ただ繰り返して音読しただけである。

マイナスオーラを出さずに、繰り返して音読をすることで、最後にはプラスオーラを振りまくことができるのである。

24 カードを使う

カードの指令には絶対服従

5年生、国語。古典の授業。

子曰はく、「過ちて改めざる、是を過ちと謂ふ（う）」と。

ノーマルな音読の後は、少し遊び心を入れた音読を行う。

教師は、ポケットからおもむろにトランプ大のカードを取り出す。カードには、「大きく」「小さく」「速く」「ゆっくり」などの文字が書かれている。

そのカードをトランプのようにシャッフルして、1枚引く。教師の引いたカードには、

「小さく」と書かれている。

その①指示通りに、教師は小さな声で音読する。

「子曰はく、『過ちて改めざる、是を過ちと謂ふ（う）』と」

子どもたちも**②小さな声で音読する。**

「子曰はく、『過ちて改めざる、是を過ちと謂ふ（う）』と」

「すばらしい」

教師は、**③次のカードを引く。**引いたカードは、「ゆっくりと」。

「し、い〜わぁ〜くぅ〜、『あ〜や〜まぁ〜ちて〜…」

子どもたちも教師のように、ゆっくりと音読する。

「し、い〜わぁ〜くぅ〜、『あ〜や〜まぁ〜ちて〜…」

教師は、また次のカードを引く。

「ピ、ピカピ、『ピカピカピカピピカピカピカ、ピカピピカピカピカピカ』ピ」

「ピ、ピカピ、『ピカピカピカピピカピカピカ、ピカピピカピカピカピカ』ピ」

教師が引いたカードは、「④**ピカチュウのように**」であった。

ポイント

①特に、カードの使い方を説明する必要はない。教師は黙ってカードの指示通りに音読すればよいのである。

②「小さな（大きな）声で読んでごらん」という指示だけでは、子どもたちの声は小さく（大きく）ならない。その理由の1つが、「小さな声」と言われてイメージする声の大きさが、人それぞれだからである。だから、まず教師が見本を示し、子どもたちとイメージを共有しなければならないのである。

③カードを使うことで、いろいろな表現方法を楽しみながらまねる（学ぶ）ことができる。また、一度カードを使って音読練習をしておけば、他の場面で大きな声で表現させたいときに、何も言わずに黙ってカードを見せるだけで、子どもたちの声も大きくなる。教師の余計な指示を1つ減らすことができるのである。

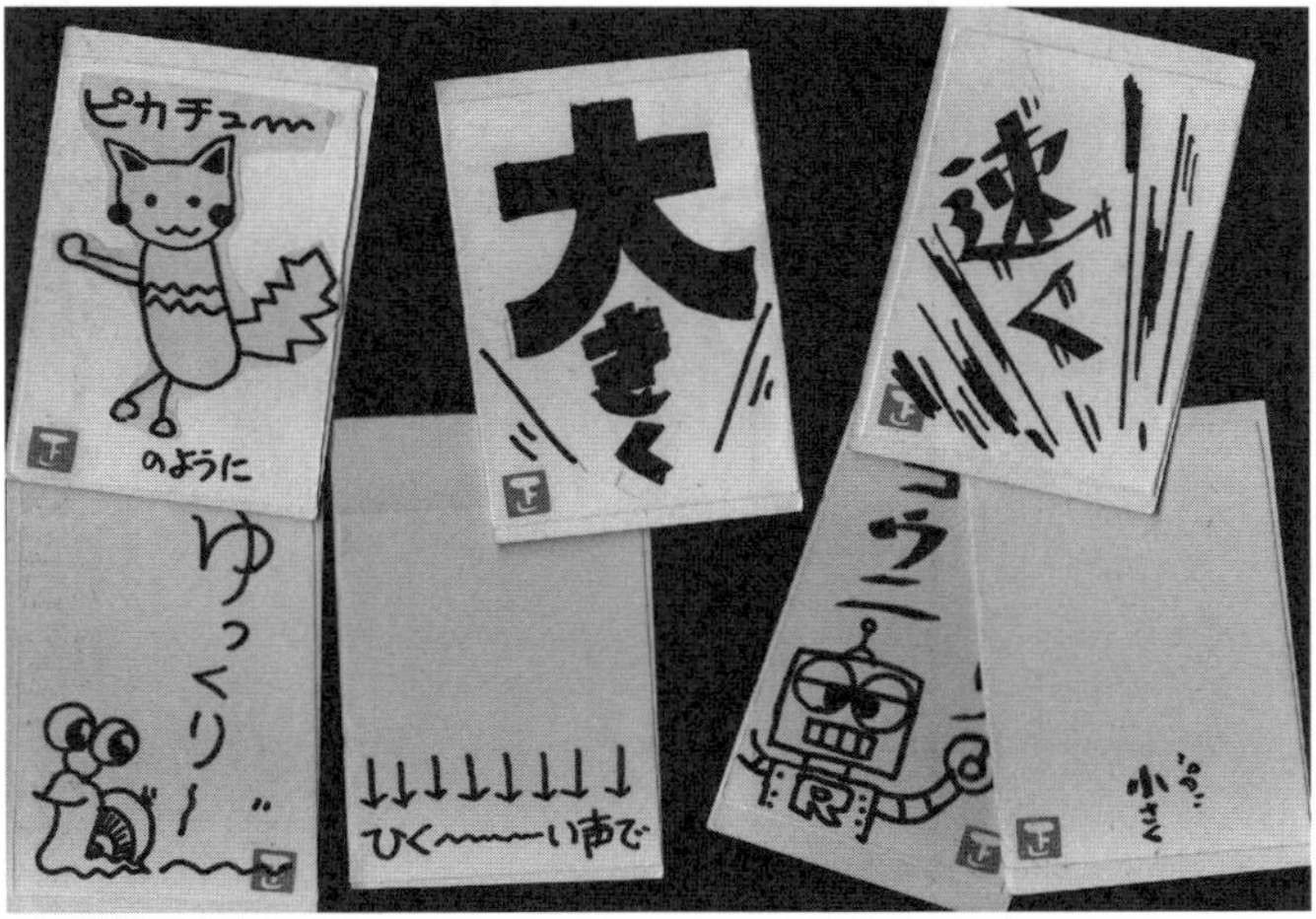

④実は、この音読カード、国語の時間に使うことは少ない。物語教材で、登場人物の心情をじっくり考えさせたい場面で、「ピカピカピカ…」と音読することなどできないからである。

たわせん学級で音読カードを一番使ってきたのは、算数の時間である。

「2つの辺の長さが等しい三角形を二等辺三角形といいます」

というような定義の部分を繰り返し音読する際に使用する。これなら、何回かに1回、ピカチュウ音読が入ってきても問題はない。

むしろ、いいアクセントになる。

25 消して消して暗唱させる

ち・ざ・る？

5年生、国語。古典の授業。

子曰はく、「過ちて改めざる、是を過ちと謂ふ（う）」と。

楽しく音読をした後は、いよいよ暗唱。
黒板に書いた論語を見ながら説明する。
「今から、少しずつ消していきます。消されたところも文字があるように音読してください ね。まずは、これくらいから」

もったいぶって最後の「と」だけを消す。

子曰はく、「過ちて改めざる、是を過ちと謂ふ」。


「簡単や！」

「では、先生が『子曰はく』を読むので、その後を読んでください」

「子曰はく」

「『過ちて改めざる、これを過ちと謂う』と」

特に、**「と」[1]の部分には力が入る。**

「では、次は難しいぞ」

軽く挑発し、またまた文字を消していく。


子曰はく、「過ち　改　ざる、是　過　謂　」。

「子曰はく」

「『過ちて改めざる、これを過ちと謂う』と」

「すばらしい！　どんどん消すよ」

1回あたり3～5文字ずつ消していく。そのうちこのようになる。


子曰はく、「ち　　ざる、　　　　　」。

「『ちざる』や」②
とつぶやく子。

「さるが血まみれ、大変や」

軽く笑いを誘って次に進む。

「子曰はく」

「『過ちて改めざる、これを過ちと謂う』と」

「お見事。完璧やね」

最後に全文消して、暗唱を行う。③

ポイント

①「と」を言う子を決めることもある。
「先生が『子曰はく』を読むので、だれか『と』を読んでくれませんか?」

と投げかけると、クラスのお調子者の手がさっとあがる。

②残った文字が、別の意味の言葉になるように文字を消していくと、クラス全体が盛り上がる。子どもたちの掛け合いが楽しくなる。

③「消して消して暗唱させる」方法を使わずに、次のような指示をすることもある。
「自分の好きな方法で、この詩を暗唱しましょう。時間は○分間です」

最初にこの指示を言うときは、次のような補足説明も行う。

「書く方が覚えやすい人もいれば、音読した方が覚えやすい人もいます。また、じっと座っている方が覚えやすい人もいれば、ウロウロしながらの方が覚えやすい人もいます。人それぞれなんです。自分の覚えやすい方法が早く見つかるといいですね」

26

突然、始める

いきなり「子日はく！」

5年生、国語。古典の授業。

子日はく、「過ちて改めざる、是を過ちと謂ふ（う）」と。


全文暗唱ができるようになった後のお遊び。

「すごいね。もう完璧ですね」

「うん。完璧、完璧」

子どもたちは笑顔で答える。

「本当かな？　もう忘れてるんじゃない？」

「そんなことない！」

子どもたちが、教師の挑発に応えている途中に、**かぶせるように叫ぶ**。①
「子曰はく！」

この教師の突然の動きについてこれる子は少ない。

「あ、あ、過ちて改めざる…」

「まだまだやね。先生が『子曰はく』と言ったら、すぐに続けることができないとね。

……子曰はく！」

「『過ちて改めざる、是を過ちと謂ふ（う）』と」

今度は、子どもたちも教師の動きを予想していたのか、完璧。

「すばらしいです。油断してはダメですよ。では、『過ちて改めざる』とは、どんな意味ですか？」

音読・暗唱を終え、読解の時間に入る。

そして、次の算数の時間…②

ポイント

①子どもたちの意識が、まだ「話すこと」に向いているタイミングで、突然言うのがポイントである。「まだまだやね」と挑発したいので（笑）。もちろん、それでも子どもたちがバッチリついてきたら、お見事である。思い切りほめてあげましょう。

②実は、この後、算数の時間に、いきなり「子曰はく」と叫んだのである。
子どもたちは「子曰はく」は、国語の時間だけだと思っていたので、当然ついてこれない。「まだまだやね」と挑発することができる（笑）

その後の社会の時間も、子どもたちは油断なく過ごすことになる。

終わりの会の「さようなら」の後に「子曰はく」を言ってこの日は終わる。

そして、何日か後…（といっても、空きすぎると子どもたちはポカ〜ン状態になるので、要注意）。

そして、この「いきなり」シリーズは、国語の暗唱以外でも応用可能。

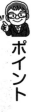

・算数で、何か定義を覚えさせたいとき。
・社会で、年号を覚えさせたいとき。
・学級目標を覚えさせたいとき。

…などに、「いきなり」シリーズは力を発揮する。

例えば、国語の時間にいきなり発令。

「三角形の内角の輪は？」

「180度！」

知識の定着のためのいいトレーニングになる。

ただし、調子に乗ってやりすぎると、授業のリズムが崩れたり、逆に子どもたちの集中力が散漫になったりするので、使用上の注意をよく読み、用法、用量を守って使う必要がある。ピンポ〜ン。

27

わざと間違える

ダウト音読で、言葉にこだわる子を育てる

2年生、国語。

「スイミー」第1時。

教師の範読に続き、子どもたちは、すでに3回ほど音読済みといった状態。

「では、次は、先生がスイミーを読んでみます。しっかり聞いてくださいね」

ここから、教師のでたらめな音読が始まる。

「広い　宇宙の　どこかに…」

「宇宙と違う」

「違うよ。先生」

2年生は素直に反応してくれる。

「ごめん、ごめん、間違えました」

再び、最初から読み直す。

「広い　海の　どこかに…」

教師が正しく読んだのを聞いて、教室にほっとした空気が流れる。

しかし、その静寂は瞬時に崩れる。

「①**めっちゃ大きな　アフリカゾウ**の　きょうだいたちが…」

「違う！」

「めっちゃ大きなゾウじゃない」

「ほんまや」

2年生はさらに素直に反応してくれる。

「今日は、調子が悪いなぁ。先生が間違えたら、『ダウト』と言って、手をあげてくれますか?」

「うん、いいよ」

②**本当に、2年生は素直である。**

「せま～い」「ダウト！」

「海の　どこかに、小さな　魚の　お笑い芸人たちが…」「ダウト！」

「たのしく　くらしていた。みんな　青いのに…」「ダウト！」

「一ぴきだけは　ホタテ貝よりも　おいしい…」「ダウト！」

「およぐのは　だれよりも　つらかった…」「ダウト！」

「名前は　たわせん」「ダウトぉ！」

[③] **こんな感じでクラスは大騒ぎ。**

ポイント

①最初のうちは、わかりやすい間違いをする。わかりやすければわかりやすいほどよい。
そして、わかりやすければわかりやすいほど盛り上がる。特に、低学年は。

②いくら素直な2年生でも、何人かは気づいている。そして、気づくような子は、大人の対応をしてくれることが多い。

③最初のうちは、この例のように、わかりやすいダウトをするのだが、次第にダウトのレベルも上げていく。しっかり聞いていないと気づかないようなダウトにする。
例えば、次のような感じである。

○「みんな　赤いのに、一ぴきだけは、からす貝よりも　まっくろ」
×「みんな　赤いのに、一ぴきは、からす貝よりも　まっくろ」

「ダウト！」

「どこが違ったの？」

「『だけ』がなかった」

「正解です。あるのとないのとではどう違うの？」

「『だけ』があると…」

読解の授業につなげることもできる。

28

動作を加える

アクションつけて、声出して！

2年生、国語。

「スイミー」第1時。

この時間の最後は、「表現読み」を行う。

表現読みの際も、①**まず教師が音読、続いて子どもたちが音読する**という流れは同じ。

ただ、今までと違うのは、音読にアクションがプラスされること。

音読に、教師の動きが加わることによって、子どもたちは、楽しく表現読みに取り組むことができる。

ちなみに、そんなに難しいことはしない。

次のような感じである。

「海」のところは手で波をつくる。「小さな　魚の　きょうだいたちが」のところは「小さいものを持っている」というジェスチャーで表すという結構安易なアクションである。

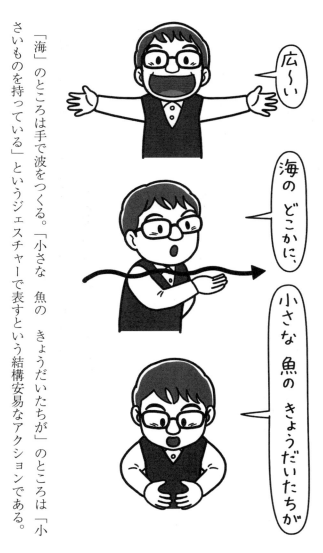

ただし、表現読みの大切な要素である「大きな声で読む」「小さな声で読む」「速く読む」「ゆっくり読む」そして「間」の5点は意識する。

[②]**教師の音読モデルの提示と共に、アクションで補完する**のである。

何回か練習した後には、[③]**子どもたちだけで表現読みをさせる。**

ポイント

①まず、教師が見本を見せ、子どもたちにまねをさせる。英会話スクールでおなじみの「Repeat after me」が音読指導の基本である。単元、教科、学年が違っても、音読指導の基本は変わらない。

②ジェスチャーゲームのような楽しい（ふざけた）アクションが、性格的、キャラ的にできない人は、「大きく」「小さく」「速く」「ゆっくりと」「間をあける」の5つの項目のアクションのみを行えばよい。

③このとき、教師は音読をしない。ただし、アクションは行う。合唱指導における指揮者のイメージである。今度は、音読ではなく、教師のアクションそのもので、子どもの音読を先導していくのである。

29

社会の時間も、Repeat after me

社会の教科書は難しい

6年生、社会科。

チャイムが鳴った。

「①では、高城くん、教科書18ページを読んでください」

少しダルそうに高城くんが立つ。

「…ふ、②ふと（太）？……」

「たいし（太子）、たいし（太子）」

隣の席の佐々木さんが助け舟を出す。

「た、太子がなくなると、…？」

「そがし（蘇我氏）」

「そ、そがしの力は、天皇を、しのぐほどにぃ…」

隣の佐々木さんのおかげで、つっかえたり、止まったりしながら、③**何とか音読するものの、声は小さい。**
④**業を煮やした教師は、隣の佐々木さんを指名する。**
「はい、そこまで。続きを佐々木さん」

「こうして、中国を手本にしながら…」

やる気のある佐々木さんの声が教室に響く。

ポイント

①国語の時間には、ていねいな音読指導をしている教師でも、他の教科においては、ほとんど音読指導を行っていないように思える。また、このように、授業の冒頭に無作為に1人の子どもを指名し、音読をさせているケースは非常に多い。

②特に、社会科の場合、国語以上に読み方も意味も難しい単語がたくさん出てくる。それを初見でしっかり読めというのは、ムチャな話である。

③「社会の時間の音読（本読み）は、これぐらいのレベルでいい」と、子どもたちは認識してしまう。そして、そのことについて、教師も特に指導を行わないと、それ以降、低いレベルの音読が続くのである。

④業を煮やした教師の「イラッ」としたマイナスの雰囲気は、必ず子どもたちにも伝わっているはずである。マイナスのオーラが広がっていく。

ここで教師がするべきことは、佐々木さんを指名することではなく、教師が見本を見せることである。国語の音読同様、教師の「Repeat after me」音読を行うのである。

「太子がなくなると」

「太子がなくなると」

全員参加の元気のいい音読で、授業が始まる。

第6章

巡る

意図的机間巡指のすすめ

30

気になる子のところで立ち止まらない❶

これでは討論は盛り上がらない

6年生、国語「海の命」。

討論の授業。

「クエに対する太一の気持ちが変わったのは、どこですか?」

子どもたちは、黒板に書かれた発問をノートに書き写す。

「それでは、自分の考えをノートに書いてください。時間は5分です」

ほとんどの子がノートに自分の考えを書き始める。教室には、鉛筆の音しかしない。

教師は、机間巡視を始める。
①**まずは、気になる百田くんのところに向かう。**

書くことが苦手な彼は、何も書けないまま5分間が過ぎてしまうこともたびたび。

すぐ側に行き、小さな声で話しかける。

「百田くんは、どこだと思う?」[②]

「……」

「じゃあ、もう一度読んでみようか」

「……」

「で、どこだと思う?」

「ここかな…」

自信なさげに、教科書のある箇所を指さす。

「じゃあ、そのページを書いてみて」

何やかんやしているうちに時間が過ぎる。５分間にセットしていたタイマーの音が鳴る。

教師は、百田くんの側を離れ、教壇へ。

「では、今から討論を始めます」

断言する。

この後、討論が盛り上がることはない。一部の子が発言する、優等生だけが活躍する授業になるはずである。

向山洋一氏は、討論が成立するためには、「みんな自分の考えをもっている」状態が必要であると述べている（『国語の授業が楽しくなる』明治図書）。

自分の考えをもたせるために、討論を行う前にノートに書く作業を入れたのは正しい。

ただ、結果として、百田くんは自分の考えを書くことができなかった。

③**たぶん、書けなかった子は百田くんだけではないだろう。**

では、どうすればよかったのか。

ポイントで解説する。

ポイント

①一番最初に百田くんのところへ向かったこと、そして、そのまま5分間最後まで百田くんの側から離れなかったことがいけなかったのである。「机間巡視」といいながら、まったく巡っていないのである。

②「百田くんは、どこだと思う？」

と聞いて、百田くんの回答を待っている。机間巡視でよく見かける風景だが、これがいけない。それがわからないから、百田くんの鉛筆が動かないのである。答えられるはずがない。

そして、その結果、教師は百田くんが答えるまで横に居続けることになる。ここは、待ってはいけない。教師の助言が適切なものでなかったため、子どもの動きが止まっていたとしても、教師も同じように止まっていてはいけないのである。ひと声かけて、次へ進まなくてはいけないのである。

③例えば、百田くん以外にも、書けなかった子が5人いたとする。結果的に書けなかった子が5人だとしても、それぞれの子の書く力は様々である。

中には、「まず、『ぼくは』と書いてみて」とひと言だけ話して、通り過ぎるだけで、書き始めることができる子もいる。このように、教師が少し後押しをするだけで書き始めることができる子が何人かいるはずである。

31

気になる子のところで立ち止まらない❷

討論で盛り上がるために

では、「巡る」とどうなるか、紹介する。

教師は、一目散に百田くんのところには行かない。**いつものルートで机間巡視を行う。**①

百田くんの近くに来たら、

「まず、『ぼくは』と書いてみて」②

とひと言だけ話し、通り過ぎる。

実際に百田くんが書き始めるまで待っていてはいけない。

次に、百田くん同様、鉛筆が動いていない高城くんにも、同じ言葉をひと声かける。このように、鉛筆が動いていない子に声をかけ、早足で教室を1周し、机間巡視は2周目に突入する。

再び百田くんのところに行く。百田くんは、さっき教師に言われた通り、「ぼくは」まで書いているものの、その続きを書くことができず、動きは再び止まっている。

③「いいねぇ。百田くん。さっきより書けてるやん」

それでも、ほめられて、百田くんの顔に笑顔が浮かぶ。

④高城くんは、「ぼくは」の後も書いていた。

「なるほど。高城くんは、太一が『ふっとほほえみ、口から銀のあぶくを出した』ところか。次は、どうしてそう思ったか考えてみてね」

⑤教師のつぶやきを聞いて、百田くんの鉛筆も動き出す。

教師の机間巡視は3周目を迎える。

1周増えるごとに、鉛筆が動いていない子が減っていく。5分間なら、5周するぐらいの速さで教室を巡る。

このように、留まることなく常に「巡って指導」しなければいけない。

つまり、机間「巡指」なのである（本書では、このページ以降「机間巡指」と表記する）。

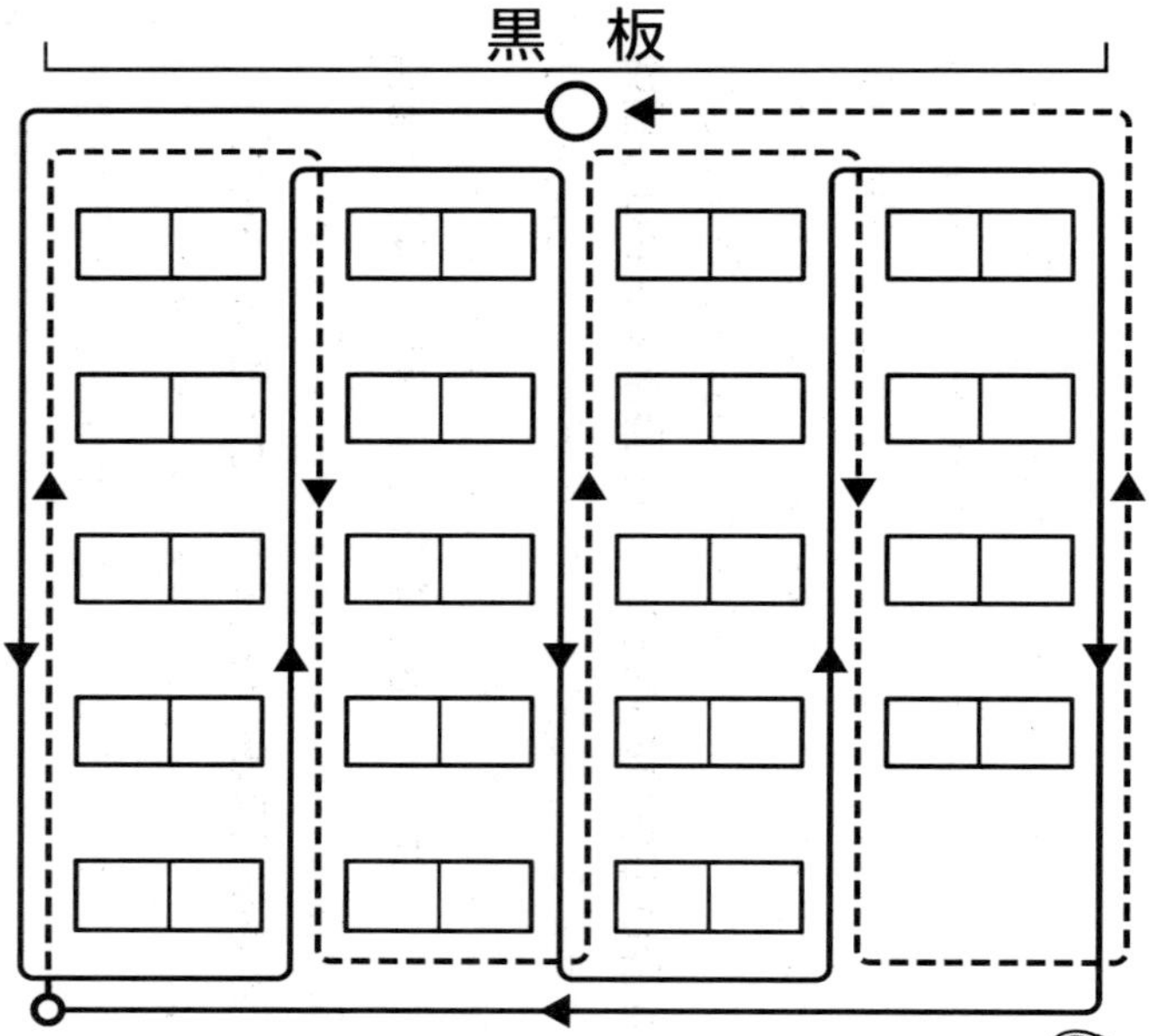

ポイント

①ルートを決めておかないと、教師が側に行かないゾーンができてしまう恐れがある。また、常に決まったルートで机間巡指をしていると、子どもたちもいつ教師が自分の近くに来るのかがわかる。何かも、教師に質問をしたいことがあっても、教師が側に来るまで待っていることができるのである。

②指示した通り書くまで見たくなる気持ちを抑え、次に行く。書けるまで待っていては、5分間に何周

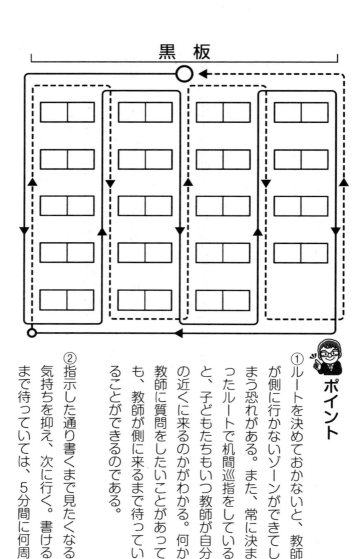

も巡ることはできない。もし仮に、百田くんが「ぼくは」までを一瞬で書き上げても、そこはスルーして先に進まないといけない。ここで「よくできたね」とほめてしまうと、その場で次の指示を百田くんに出さなければいけなくなる。結局、最後まで百田くんの側から離れられなくなるのである。

③百田くんは、教師に言われたことをしただけである。それなのにほめられることでやる気も生まれる。

④高城くんのように、少し背中を押すだけで書き始めることができる子がいる。前項でも述べたが、百田くんの側から動かなければ、高城くんのような子にひと声かけることはできないのである。

⑤まわりの子を意識して、つぶやく感じでヒントを出す。時には、ズバリ答えをつぶやくこともある。それでも書けない子に対しては、ラスト１分へばりつけばよい。かくして、全員が「自分の考えをもつ」ことができ、全員参加の討論ができるようになる。

32

決めゼリフをもつ

ひと声で効果倍増

机間巡指をしながらがんばりを認め、ほめる。

これだけで、子どもたちの書く量そして質が変わってくる。

ただし、クラスの子全員に湯水のようにプラスの言葉かけをしていかないといけない。

書くことが苦手な子に対する言葉かけは前ページで紹介した。そこで、ここでは机間巡指における それ以外の言葉かけをいくつか紹介する。


すごい、もう3行も書けてる。

たわせん学級では、「1分間あたり1行書ける」ということを書く量の目安としている。1学期は、質は問わない。とにかく量にこだわる。書くことに対する抵抗感をなくすことが、ノート指導の第1歩だと考えているからである。たくさん書けていることを評価するのである。また、[1]**聞いていないようで、子どもたちは結構教師の言動には注目しているものである。**前向きなライバル心をくすぐり、他の子の書く量もアップする。

この調子、この調子。

どちらかと言えば、書くことが苦手な子に対しての言葉かけ。たとえ1行しか書けていなくても、最初に見て回ったときより1文字でも多く書けていれば、このようにほめるのである。たいていの場合、前よりも少しは書けているので、[2]**その子の側に行くたびに、ほめ続けることができる。**

この考えはだれも書いていない。

教師自身が、子どもたちのオリジナリティあふれる意見を期待しているのなら、どんどん言うべきセリフである。まわりの子の書く質までもが変わってくる。いろいろな意見が出そろい、楽しい討論を組み立てることができるようになる。

さっきの○○君の意見も書いているんだ。よく聞いていましたね。

これは、[3]**討論の後の授業の振り返り**の際によく使う評価の言葉である。討論時の「聞く」という姿勢を評価しているものである。自分の思いだけではなく、友だちの意見を盛り込んだ振り返りを書くようになってくる。また、次回の討論の時間の聞く姿勢も変わってくる。

ポイント

最後にプラスワン。これらの声かけにプラスして、赤ペンで○を入れる。

机間巡指の効果がさらに倍増する。

①声をかけているその子だけにではなく、教師は、常にクラス全体を意識しなければいけない。「個を大切にしながらも全体を意識する」ということである。
声のボリュームが大きすぎると、集中して書いている子どもの邪魔になるが、全体に聞こえる程度の声の大きさは必要である。

②だからこそ、少なくともノート作業中に2回以上回らなければいけないのである。
このような言葉かけを続けていると、次第に「書こう」という意欲がわいてくる。意欲が出てくれば、後は書く方法を教えればいい。4月当初には5分間で1行も書けなかった子が、3月には5行以上抵抗感なく書けるようになってくる。

③討論の授業の後には必ず振り返りを書かせる。「自分の考え・感情を表現するのは、何も話すことだけではない。授業の振り返りをしっかり書くことも発表の一つである」と子どもたちには話している。表面上には現れにくいが、地道にがんばっている子を認めるためである。

33 気になる子のところに行く

逆もまた真なり

本章の冒頭2項目にわたって、「気になる子のところで立ち止まらない」と述べたが、これは机間巡指における注意事項。「逆もまた真なり」で、「気になる子のところに行かなければならない」というシチュエーションもある。

例えば、次のような場面。

授業は、「指名なし討論」で進んでいる。

「私は、太一の気持ちが変わったのは、『もう一度もどってきても、瀬の主は全く動こうとはせずに太一を見ていた』のところだと思います。理由は…」

「ぼくは、『太一は泣きそうになりながら思う』の場面です。佐々木さんが言っていた場面では、太一の気持ちはまだ変わっていないと思うからです。理由は…」

教師が指名することなく、子どもたちは、次々と自分の論を主張する。

教室は、意欲的に学習に取り組もうというプラスのオーラで満ち溢れている。

ところが、玉井くんだけは、違う世界にいるようである。

ボーッと窓の外を眺めていた。

そのことに気づいた教師が、玉井くんに対してひと言。

「おい、玉井。今の話、聞いていたか？　高城くんが、**今、何を言っていたか言ってみろ！**[1]」

「聞いてませんでした」

「しっかり聞いとけよ」

「はい、すみません」

教室の空気は、一気に悪くなる。

このようなシチュエーションの場合、ひと言かけるのではなく、教師が玉井くんの近くに行けばよい。

気になる子のところに行けばいいのである。[2]

ポイント

①「俵原、今、○○が発表したこと言ってみろ」

実は、小学校時代、私も同じように叱られた経験がある。

そのとき、私は、玉井くんのように、「すみません」と素直に謝ればよかったのだが、嫌らしいことに、「はい、○○くんは、こう発表していました。…」と言い返したのである。担任からしたら、何ともやりにくい子どもである（笑）。ちなみに、今、自分のクラスに俵原くんのような子がいれば、こう言い返すであろう。

「話を聞いているのなら、なおさら『あなたの話を聞いています』という態度で聞くべきですね。内容だけ聞いて、発表している人を無視しているということは、発表している人に対して大変失礼なことです」

「（友だちと私語をしていた場合）佐々木さんは、高城くんの発表した内容がわかっていません。自分だけは発表の内容を聞いていてわかっているけど、話しかけられた佐々木さんは発表の内容がわからなくなっています。どう思う？　なんかズルくない？」

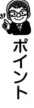

②教師が近くに行けば、玉井くんも「しっかり話を聞かなければいけない」という気になるはずである。黒板の前にいては、玉井くんには届かなかった教師のオーラも、隣に行けば届くはずである。

板書をしなければならない状況でなければ、教師が黒板の前にいる必要はない。何気なく、気になる子の側に近づいて行けばよい。ほとんどの場合、近くに行けば、私語も手遊びもなくなる（それでもなくならないようであれば、指で机をトントンとたたくだけでいい。それぐらいの小さなアクションでも子どもたちは気づく）。叱らなくてもよいシチュエーションをつくることで、叱る回数を減らしていく。

上農は、草を見ずして、草をとる
（優れた農夫は、雑草がまだ地表に見えないうちに、除草する）

中国から伝わり、江戸時代に宮崎安貞が『農業全書』で紹介した言葉の一節である。

34

3秒で赤ペンを入れる

机間巡指の効果を倍増するための赤ペンの入れ方

机間巡指をしながらノートに赤ペンを入れる。

じっくりていねいにコメントを書く時間はない。

サッと赤ペンを入れて、次の子のところへ行く。そうでなければ、５分間に教室を5周することはできないからである。

一瞬立ち止まって、赤ペンを入れる。

時間にして、１人あたり2、３秒ぐらいである。

「この考えはだれも書いていない」

先に紹介した言葉かけをして、○をつけるだけでいい。

簡単である。

ただし、クラス全員に○をつけるのではない。言葉かけはできるだけ全員に満遍なく行うよう意識するのだが、赤ペン入れは、そうではない。①**プレミア感を出すのである。**だから、たわせん学級では、「すごい、もう3行も書けてる」の言葉かけとともに○をつけることは、②**ほとんどない。**

また、○以外に、☆印や、☽印を入れることもある。

「海の命」の授業の場面で説明する。

机間巡指の際に、「興奮していながら、太一は冷静だった」を選んでいた子のノートには☆印を、「瀬の主は全く動こうとはせずに太一を見ていた」を選んでいた子のノートには☽印を、「太一は泣きそうになりながら思う」を選んでいた子のノートには☼印をかく。

そして、討論の際に次のような指示をする。

「それでは、ノートに☆印を書かれた人から発表してください」

クラスのだれがどのようなことを書いていたか教師が覚えておかなくても、「まずはAの意見の子どもたちから話を聞こう」という③**意図的指名ができるのである。**

ポイント

①めちゃくちゃすごい意見には○ではなく、◎をつけたりもする。○ではなく、「B」「A」「AA」「AAA」等を入れることもある。その場で評価が完了する（これを「動態評価」と呼んでいる）。放課後にノートを集めて評価する必要がない。子どもにとっても、書いた直後に教師に認めてもらえるので、やる気がアップする。

②場合によってはある。それまでは1行も書けなかった子が3行書いたような、その子の伸びが顕著な場合には書くことがある…というか、めっちゃ書く。

③野口芳宏先生の追試である。指名なし討論をしない場合は、よく活用していた赤ペンの入れ方である。

第7章

エンタメる

教師も子どもも
とにかく楽しむ

35 「ひな壇芸人」の意識をもつ

「木」が5つでなんと読む？

6年生。

ちょっとしたすきまの時間。

宿題で、画数の多い漢字について調べてきた子がいた。「『雲』という漢字が3つ、『龍』という漢字が3つ合わさった漢字が、画数が一番多い漢字である」という話を受けて、次のような漢字クイズを出した。

「では、『木』が2つだと？」

「はやし（林）！」

もちろんクリアー。

「では、『木』が3つでは？」

「もり（森）です」

これも、楽々クリアー。

このあたりは、テンポよく進む。[1]進行の腕の見せ所である。

「次は、難問です。『木』が4つで？」

さすがにこれはわからないようである。

「正解は…、『ジャングル』です」[2]

「うそや～ん」

子どもたちは大笑い。

「教科書の後ろに載ってるで」

「えっ、マジ？」

「うっそで～す！」

「え～っ、ひどいわ」

と言いながらも、みんな笑顔。

「では、次こそは、マジで。『木』が5つでは？」

たわせんは「マジで」と言っているが、絶対マジなはずはないと教師のおふざけにつき合ってあげている感の回答が続く。

「アマゾン」

「なるほど、木がたくさんあるもんね」

「すっごいジャングル」

「木が1つ増えると、『すっごい』が1つ増えるんや。木が3つ増えたら、「すっごい、すっごい、すっごいジャングル」ということか」

一つひとつの回答に③**ひな壇芸人のごとく**、細かいツッコミを入れていく。

「答えは、『森林』です。どちらも1年生で習う漢字ですよ。6年生なのに残念です」

ポイント

① 「木が4つで?」という問いまでは、一問一答式でテンポよく進む。ここまでのテンポがよければよいほど、その後、緩急をつけることができるからである。桂枝雀の言う「緊張と緩和」。

お笑いを志す者にとっての黄金律である（あっ、別にお笑いを志していないって?）。

②「ジャングル」と言う前に、間を空ける。時間にして、10秒ほど。その間にクラスのすべての子どもたちと視線を合わせる。ここまでは、一問一答式で一対一対応であったので、ここで、全員を意識する。全員に意識させるのである。

③ひな壇芸人のごとく、子どもたちの迷回答に突っ込むだけでなく、だれよりも「大きな声で笑う」というリアクションも行いたい。ひな壇芸人が行う「大きな声で笑う。大きなリアクションをする」「メインの話に邪魔にならないようにボケる。ツッコむ」「質問する。紹介する」「声をかける。応援する」などを教師自身が意識して使いこなせるようになると、授業は格段に面白くなる。学期が進むにつれて、つまり、子どもたちが成長するにともなって、教師はメインＭＣよりも、ひな壇芸人に徹することになる。

36

ウケるためには、多少の無茶も言う

漢字を使って、楽しく短文づくり

3年生国語。漢字の学習。

「教科書のこのページ（漢字の広場）に載っている漢字を使って、文をつくりましょう。一文でなくても構いませんので、できるだけ多くの漢字を使います。①**時間は2分です**」

子どもたちは、ノートに短文を書く。

2分間終了。子どもたちは、いったん鉛筆を置く。

「では、今から自分の書いた文を見て、漢字が何個あるか数えてください。1つにつき1点です。59ページに載っている漢字を使っていれば、さらにプラス1点です」

ちょっとしたお遊びをつけ加える。別に1位になったから何かもらえるということではないが、子どもたちはこのようなポイント制ゲームが大好きである。

次のような短文を書いていた場合は12点になる。

> 家の近所の公園に犬のさんぽに行った。（傍線のある漢字は、2点の漢字）

「同じ漢字を2回使っている場合はどうなりますか？」

という質問が出ることもある。得点は高ければ高いほど盛り上がるので、「2回使っていれば2点」「3回使っていれば3点」と告げる。

「では、今からが本番です。1回戦、時間は3分」

3分後、②**ノートを交換して**、得点をつける。やはり、高得点の子はいい表情をしている。

続いて、2回戦開始。ただし、このままだと、漢字が得意な子の活躍が続くだけである。

そこで、そうでない子も活躍できるよう、一発逆転の要素を加える。3分が経過し、得点をつける前にひと言告げる。

「ここに、部首を書いたカードがあります。今から、先生が1枚カードを引きますので、そこに書かれた部首を使った漢字が自分の文の中にあれば、1つにつきプラス10点のボーナスポイントを差し上げます」

引いたのが「しんにょう」の部首カードなら、先の単文には「近」という漢字が1つあるので、プラス10点で、22点になる。

例えば、次のような短文をつくっていた子がいれば、カードのおかげで一気に高得点になる。

近所の道路を走る。

ボーナスポイントがなければ9点だが、「しんにょう」を使った漢字が2つあるので、プラス20点で、29点になるのである。一発逆転にクラスが盛り上がる。

調子に乗った教師は、さらに調子のいいことを言う。

「では、これで最後ですので、**ボーナスポイントは1万点とします**③」

バラエティ番組でおなじみの展開である。

もはや、高得点になるかどうかは、教師が引いたカードの漢字を書いていたかどうかだけにかかってくる。

ポイント

①ルールを理解させるための試しのターンなので、時間は短め。このときは書けていない子がいてもよしとする。

②自分のノートを人に見られるのを嫌がる子、できていない子をバカにするような雰囲気があるなど、クラスの実態によっては、ノートを交換してはいけない場合がある。優先事項は、授業の形式ではなく、あくまでも子ども自身である。

③「はい、今回のカードは『門がまえ』です」なんてことになったら、

> うちの門はでっかい門。

とひと言書いた子が、20004点で優勝するという逆転現象が起きたりする（笑）

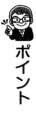

37

BGMでその気にさせる

時には、マジシャンのように

６年理科「ものが燃えるとき」。

底のない集気瓶などを使って、ろうそくの燃え方と空気の流れを調べる時間。実験のまとめとして、教師の演示実験を行う場面。

おもむろに、①**CDプレーヤーの再生ボタンを押す。**

手品のシーンでよく使われる「オリーブの首飾り」が流れる。

「♪チャラララ〜ン、チャラララ〜ララン♪」

笑顔と共に、子どもたちの視線は、教師が持っている集気瓶に集中する。

単なる演示実験が、ＢＧＭ１つで、ちょっとしたエンターテインメントに早変わりする。

時には、ロッキーのように

5年、体育の時間。

3分間走。

「よ〜い、スタート！」

自分のペースでとにかく3分間トラックを走る。

目標は、前回よりも記録を伸ばすこと。

体育の時間も、「伸びたか・伸びていないか」を重要視する。

つまりは、自分との闘いである。

スタートから21秒経ったところで、BGMが流れ出す。

運動場に、**映画②「ロッキー」でおなじみの「Going the Distance」が響き渡る。**

ロッキー気分で（といっても子どもたちのほとんどは「ロッキー」を見たこともないのだが（笑））、子どもたちは、最後までペースを落とさずに走りきる。

時には、閉店間際のパチンコ屋のように

一日の授業も終わり、帰りの用意。

この時にもＢＧＭが流れ出す。

曲は、「蛍の光」。[3] この曲が終わるまでに、帰りの用意を完了して、席に着くというルール。時間は、２分30秒。ロッカーからランドセルをとってきて、教科書等を入れ、席に座るには、十分な時間である。

「曲が終わるまでに帰る用意をして、席に座ります」

最初にこのような指示をしておけば、次の日からは、何も言わずに音楽を流すだけでいい。もちろん、

「早く帰る用意をしなさい！」

と教師が声を張り上げる必要もない。

「音楽が終わるまでにミッションを終了しなければいけない」というちょっとしたゲーム感覚も加わり、子どもたちは笑顔で帰る用意に取り組むことができる。さらに、「曲が

流れている間は、しゃべってはいけない」というルールを加えることもある。

ポイント

①CDプレーヤーもいいが、パソコンやスマホにプレイリストをつくっていろいろな曲を入れておく方が、使い勝手がいい。ドラムロールのBGMなどは、頻繁に使っていた。

②私が使っていた音源は、2分39秒の長さ。音楽が終わったとき、ちょうど3分になる。ノリのいい子に、曲が終わると同時にロッキーのように両手を空に突き上げるように言うと、面白がってやってくれる。ただし、そのぶんタイムは落ちる（笑）

③別に、曲は「蛍の光」でなくても、クラスの子が、帰る準備に必要な時間ぐらいの曲であれば何でもいい。ただし、曲を日によって変えることはしない方がいい。毎日、同じ曲を流していると、「今、1分経ったころだ」「ヤバい、ラスト30秒だ」と、曲を聞いてある程度時間の経過がわかってくるからである。

38

面白グッズを用意する❶
――ジャマイカ

ジャマイカで計算力アップ

5年生、算数の時間。
5時間目の始まりの時間。
教室にはまだ全員そろっていない。
①**まだ帰ってきていない子を待つことなく、授業開始。**
いつもの②**「ジャマイカ」**を取り出す。
「ジャマイカ」とは、5個の白いサイコロを1回ずつ使い、2個の黒いサイコロ（そのうち1つのさいころの目は10、20、30、40、50、60）の合計になるように、「たす・ひく・かける・わる」を使って計算式をつくるという計算ゲームのことである。

教師が「ジャマイカ」のサイコロを動かす。出た目を一番前の席の鈴木くんに言ってもらう。

「白のサイコロは、3、5、6、3、3。黒のサイコロは40と4で44」

「では、スタート」

集中した静寂の時間。

クラスのみんなが計算に取り組んでいる中、1人、2人と教室に帰ってくる。

「できました！」

「では、真田くんどうぞ」

「5＋6で11。3÷3＋3で4。11×4で44」

正解。

「では、2回目」

2回目のジャマイカをしているうちに、**全員がそろう。**③

答え合わせをした後、教科書を開け、算数の授業に入る。

ポイント

①「全員そろうまで、何もしないで待つ」

これは、待っている方がツライ。時間をきちんと守っている者が、なぜしんどい思いをしなければいけないのか。当然、待っている子どもたちはイライラする。教師もイライラして待つ。いいことなど1つもない。それならば、待たない方がお互いのためである。授業開始と言っても、本時に行う予定の授業をするのではない。プラスαの楽しい授業をするのである（遅れてきた子には、後で注意すればいいのである）。

②1400円前後の値段でネット通販で購入可。

私は10個購入し、本稿で紹介した使い方以外にも、休み時間や給食の待ち時間などに、子どもたちが自由に使えるように教室に置いていた。

③業間休み後の3時間目や昼休み後の5時間目の最初は、時間通り全員がそろわないことが多い。

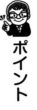

算数の時間の前は、ジャマイカだが、社会の時間の前であれば「地図帳クイズ」や「都道府県のフラッシュカード」を行うことが多かった。

国語の時間の前は、「ひたすら音読」である。授業の時間が始まると同時に起立して、その時間に学習する単元の教材をひたすら音読するのである。一斉音読ではなく、それぞれ自分のペースで音読を行う。早く音読し終わった者は、座って2回目の音読を行う。読むスピードが一人ひとり違うので、読んでいる場所は微妙にずれて、ザワザワした雰囲気になるが、それはプラスのエネルギーを感じるものであるので、嫌な感じはしない。本番前の前説の話で盛り上がっている…そんな雰囲気である。

また、教科に関係なく、「今日は何の日」クイズを行うことも多い。

39

面白グッズを用意する❷
ーピンポンブー

ピンポンブーでテンションアップ

5年生、社会科「米づくりのさかんな地域」の導入。

教師は、黙って板書。

カルナローリ

「わかる?」

ノーヒント。わかるはずがない。

それでも、クラスのお調子者である高城くんが言う。

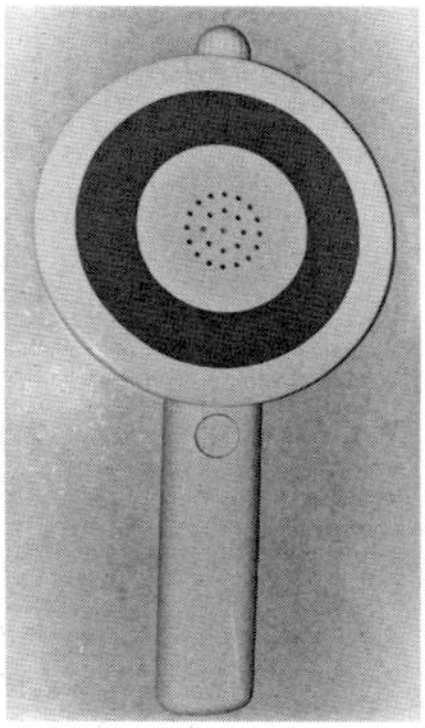

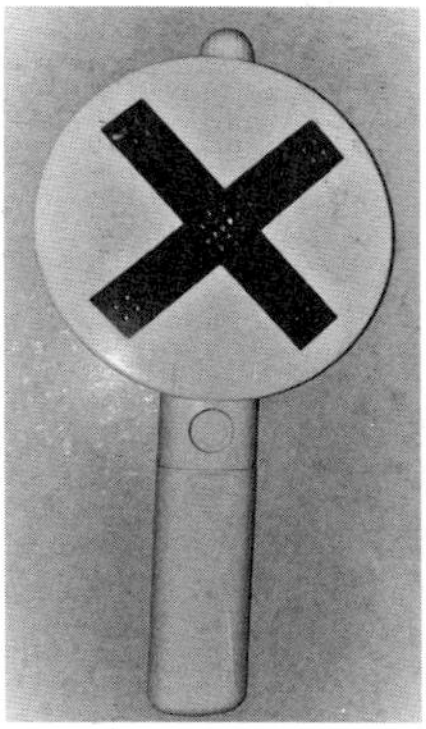

「わかった！　パスタや」

教師はスーツの内ポケットから、**黙[①]ってピンポンブーを取り出し、×のボタンを押す。**

ブ～～～～。

「パスタは、カルボナーラや」

いつも通り、高城くんにツッコむ玉井くんを横目に、

教師は板書を続ける。

カルナローリ　ゴールデンフェニックス

「わかった！　ポケモンの名前」

「そんなポケモンおらへん」

教師は、黙ってピンポンブー。

ブ～～～～。

さらに、教師は、

②カルナローリ　ゴールデンフェニックス　TAMAKIゴールド　国宝ローズ
合系（ホウシー）24号、25号　ミルキークイーン　むらさきの舞　あきたこまち

③の順番で板書を続ける。最後の「あきたこまち」が出た瞬間に声が上がる。

「わかった!!」

④今度は高城くんも正答を言い当てた。

ポイント

①教師は、何も言わずにピンポンブーで正誤を示す。ボタンを押すだけで、子どもたちのテンションが上がる。そこに、トークのスキルは必要ない（むしろ、余計なトークは邪魔になる）。トークに苦手意識をもっている教師にとってのマストアイテムである。

1000円～1300円で購入可能。

②カルナローリはイタリア。ゴールデンフェニックスはタイ。TAMAKIゴールド・国宝ローズはアメリカ。合系24号・25号は中国。残りは日本のコメの銘柄である。

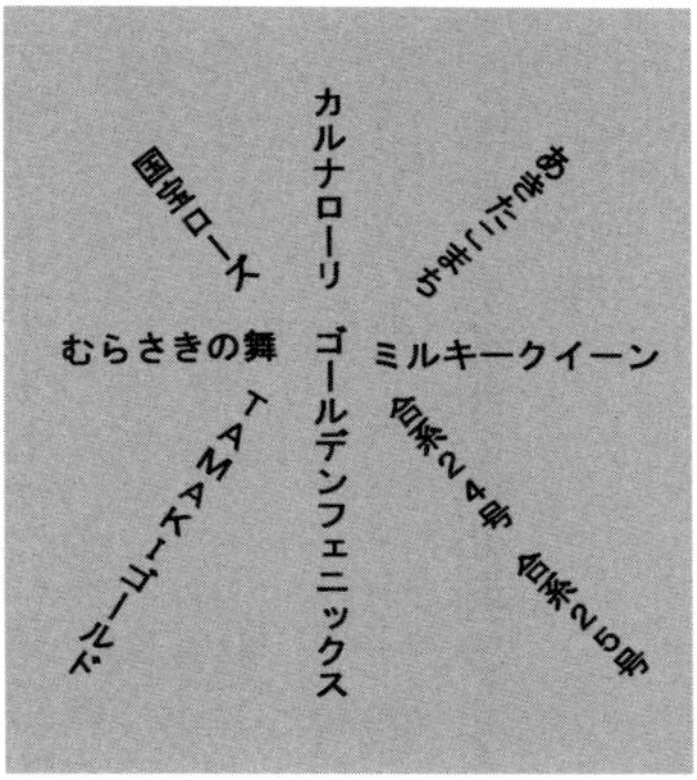

③最後の「あきたこまち」を書き終えた時点の黒板である。「あきたこまち」がコメの銘柄だと知らない子に対しては、

「黒板を薄目を開けて見てごらん」

という指示をする。「米」という感じが浮かび上がってくる。

④この後、自分の知っているコメの銘柄を発表し、本時を終える。

「いつも食べているはずなのに、意外とみんな知らないんだね」

と軽く挑発しておくと、家で調べてくる子が続出する（もちろん、調べてきた子はめっちゃほめる）。

40

面白グッズを用意する❸
―ホワイトボード

ホワイトボードでパネラー気分

5年生、社会科「水産業のさかんな地域」。

音読の後、問う。

「今読んだ教科書82ページ、83ページの中からキーワードを5つ選びます。選んだ**キーワードは、赤鉛筆で四角囲みしてください**」[①]

そして、発表。

「はい、『水産資源』です」

「『200海里』です」

実は、この2つは教科書の「キーワード」というコーナーに明記されている。この2つは、正解してもらわないと困る。

「残り３つは？」

さっと、手があがる。

「沿岸漁業」「沖合漁業」「遠洋漁業」。これも正解。この３つも太字で書かれている。やっぱりこれも正解してもらわないと困る。教師は、５つのキーワードを板書。

机を班の形にして、班に１枚ずつホワイトボードを配る。

「ホワイトボードには、まず②**1の人**が書いてください。第１問『１９７７年ごろから、自国の水産資源を守るために、海岸から〇〇の範囲の海で、外国の漁船がとる魚の種類や量を制限するようになりました。〇〇に入る言葉を書きましょう』」

１以外の子は、ノートに正解を書く。

「正解は、『200海里』です。では、第２問。次は、２の人が書きます。『人間が食べるためにとる水産物も大切な資源である。この資源のことを何というか』」

正答を述べる。

残りの３つのキーワードも問題にする。

教師が、正答を告げるたびに、子どもたちから歓声が上がる。

教師が一問一答式の問題を出し、子どもたちが答えるという何の工夫もひねりもない授業も、ホワイトボードというアイテムを使うことで、子どもたちのテンションが一気に上がる。クイズのパネラー気分になるのである。

「全員全問正解。ここまですべての班が50点です」

さらに、教師がクイズ番組っぽい雰囲気を盛り上げる。

「次は、5つのキーワードで『**かぶっちゃ、や～よ**』[3]です」

「イェ～～イ」

子どもたちのテンションはさらに上がる。

ポイント

①教科書を音読して、キーワードに線を引かせる（四角囲みさせる）という一連の流れは、社会科だけでなく理科や家庭科等、他の授業でも必ず行う定番メニューである。

②たわせん学級では、1つの班の構成人数は4人が基本である。班の中で、1の人・2の

人・3の人・4の人を決めさせておく。また、隣とのペアをA・前後のペアをB・斜めのペアをCと決めておく。指示を簡潔化するためのひと工夫である。

③「かぶっちゃ、や〜よ」は、他の班と違う答えを書いたら、得点になるというゲームである。次のような感じで進む。

「かぶっちゃ、や〜よ」

「1班、沿岸漁業。2班、遠洋漁業。3班、遠洋漁業。4班、200海里。5班、遠洋漁業。6班、200海里。7班、200海里。8班、水産資源。9班、遠洋漁業」

かけ声と同時に、各班、解答を書いたホワイトボードがあがる。

「1班、ピンポ〜ン」「2班、3班、5班、9班、ブ〜〜〜」「4班、6班、7班、ブ〜〜〜」「8班、ピンポ〜ン」

ここでもピンポンブーは大活躍する。

類似品として、他の班と同じ答えを書いたら得点になる「ちがっちゃ、や〜よ」もある。

41

休み時間にネタを仕込む

トラライ人体操、参上！

6年生、社会科。

2008年5月。「古墳をつくった人々」の学習。

いつもの通り、音読の後、キーワードの確認。

「渡来人です」

すると、教室の後ろの席から、当時流行っていた①**ラララライ体操**の節をつけて、次のような声が聞こえてきた。

「渡来人?・・・トライジン・・・トラァ～イ?・・・トラァ～イ?」

「ラ・ラ・ラ・トラァ～イ。ラ・ラ・ラ・トラァ～イ」

トララライ体操をしながら、２人が教室の前に。

みんな、手拍子。

「ラララトライ♪　ラララトライカラトライカラ行け行けＧＯ！ＧＯ！♪　ウゥゥゥゥゥ…ガシーン！」

拍手喝采。

私のクラスには、お笑い係がある。関西ではどこの学校にもある定番の係ではあるのだが、たわせん学級のお笑い係のひと味違うところは、休み時間やお楽しみ会等で、漫才やコントを披露する他に、このように②**授業の中でも活躍する**のである。

大化の改新「オレは、中臣鎌足だ～！」

トララライ人体操の１週間後、大化の改新の学習を行った。

ここでも、最初は教科書の音読。

「太子がなくなると…」

「ちょっと待ったぁ～～～」

③お笑い係4人が黒板の前に登場。

「蘇我氏で〜す」

「中大兄皇子です」

「オレは、中臣鎌足だぁ〜〜〜」

「ナレーターです」

ナレーターの教科書の音読に合わせて、お笑い係の即興劇が始まる。

みんな、大喜び。

「ほんま、大谷ってすごいな。こんなクラス、他にないで」

1人の男子がボソッとつぶやいた。

ポイント

①お笑い芸人「藤崎マーケット」のネタ。2007年〜2008年当時、すごく流行っていた（元ネタを知りたい人は、検索してください）。

②「聖武天皇と大仏づくり」のページでも「渡来人の子孫を」という箇所を音読した際、トラライ体操が発動した。このトラライ人体操のおかげで、テストにおける「渡来人」の正答率は100％であった。

③トラライ人体操が予想以上にウケて気分をよくしたお笑い係と、このようなアホなノリが大好きな担任の思惑が一致し、「社会の時間になんか面白いことできないか」と策略をめぐらせ、この寸劇は誕生した。

次の時間の教科書の進度をお笑い係に伝え、お笑い係の2人は、助っ人2人を増員して、本時を迎えた。

そして、この試みも大成功を収め、おバカな担任と子どもたちはますます調子に乗っていくのであった。ただし、調子に乗りながらも、押さえどころはしっかり押さえている。その押さえどころは、次のページで。

42

Bの子を認める

お笑い係ご活用時の押さえどころ

6年、社会科の時間（前ページの続き）。
「ほんま、大谷ってすごいな。こんなクラス、他にないで」
大谷くんは、お笑い係のリーダーである。
彼が言うように、確かに、大谷くんはすばらしい。
みんなの前に出ても、物怖じしないで大げさな動きをして笑いをとることができる。
中臣鎌足のセリフも休み時間に覚えていた。
一見、彼の言葉には否定されるところは何もなさそうである。
しかし、このとき、私は次のように口を挟んだ。

「いや、それは違う」

たわせんは何を言い出すんだ！
①**大谷くんのことを否定するのか？**
楽しい雰囲気になっているこのときに、たわせんは何を言い出すんだ。

一瞬、クラスの空気が変わった。

「確かに、大谷くんはすごい。でも、それ以上にすごいのは、②**それを楽しそうに見ている君たちやで**」

またまた、クラスの空気が変わる。

ただし、それは、ほっとしたというか、予想外のところから認められてうれしいというか、そんな空気。ちょっと、ジ〜ンとしたいい感じであった。

ポイント

①大谷くんは、全体の場に出ても、物怖じしないでパフォーマンスができる子ではあるが、「オレが、オレが…」という面もあり、前年度はクラスで少し浮いた存在だった。当然、

子どもたちは過去の大谷くんの姿を知っている。6年生になって、大谷くんなりにがんばっているのに、たわせんは否定するのか!……という空気が流れたのである。

②普通なら、大谷くん(とそのゆかいな仲間たち)がほめられる場面である。

しかし、私は大谷くんたちをほめるのではなく、彼らの寸劇を見ている子どもたちをほめた。もちろん、これには意図がある。

今回、大谷君たちだけをほめても、子どもたちに違和感はない。ただし、このことが毎回続けばどうだろう(大谷くんたちは、調子に乗っているので、これからもやり続けることは明白である)。そのうち、次のように感じる子どもたちが現れる。

「いつも、大谷ばかりほめられている」

この気持ちが、「よし、自分もがんばろう!」につながればよいのだが、そうそう話はうまくいかない。大谷くんへの称賛の気持ちは、そのうちジェラシーに変わっていく。

また、大谷くんの寸劇もいつもウケるとは限らない。そのうち、飽きられることも十分考えられる。

「たいして面白くないのに、いつも出しゃばりやがって」

こうなると、大谷くんは前年度と同じようにクラスで浮いた存在になってしまう。

だからこそ、私はまわりの子どもたちをほめたのである。

楽しそうに見てくれる人がいるからこそ、楽しく演じられる。

まさに「お客様は神様」なのである。

このような「A（プラス）の行動だけに着目するのではなく、AでもC（マイナス）の行動でもないBの行動に着目しましょう」という視点を総じて、

Bの理論

と呼んでいる。

今回の場合、大谷くんたちの行動は明らかにAの行動である。そして、彼らの寸劇を見ていたクラスの友だちはBの行動になる。Bの行動を認めることによって、Aの行動が生きてくるのである。「発表する子（A）ばかりほめないで、聞いている子（B）をほめることで、発表する子が増えてくる」という事例もこれに当てはまる。

43

「楽しけりゃ、それでいいじゃん！」ではないと心得る

体育着をいつも忘れてくる子に対して

体育着をいつも忘れてしまう子がいる場合。次のような奥の手を使うことがある。

①変なTシャツを貸す

体育着を忘れた子は、体育の時間、変なTシャツを着て体育をすることになる。

明らかに、罰ゲームである。

このことによって、運動場、もしくは、体育館の中に、なんとなくい面白い空気が流れることになる。

変なTシャツを着たくない子は、次からは忘れなくなる。

逆に変なTシャツを着たくてしかたなくなってしまった子（関西、特にたわせん学級には多数存在する）は、わざと体育着を忘れてくるようになる可能性もあるので、

「次は体育着を持って来たら変なTシャツを貸してあげるから、上から着たらいいよ」

と言葉かけをして、忘れ物をなくすようにする。

そして、まわりの子どもたちも、そんな教師のやりとりを楽しく見ることができるのである。

まさに Win-Win。②**たわせん学級の奥の手**である。

ポイント

①実は、「メガネ部」や「へろーきてぃ」等、変なTシャツは、プライベートで結構持っている。男の子には派手なピンクのTシャツを渡すことが多い（男の子には…と書いたものの、女の子に渡したことはない）。

②実は、ここまで書いておいて言うのもなんなのだが、迂闊に追試すると、そりゃえらいことになるので、注意が必要である。

というのも、

・変なTシャツを教師に無理やり着せられても、その状況を「おいしい」と思う子
・その場では大笑いするものの、後に引きずらないまわりの子どもたち
・教師に対する保護者からの信頼

などなど、多くの必須要件を満たしてはじめて成立する奥の手だからである。

つまり、これは、たわせん学級限定の奥の手。

いや、たわせん学級でもクラスの中にこだわりの強い子どもがいる場合は、この奥の手は使えない。このことがクラスのトラブルの種になる恐れがある。

たかが体育着の忘れ物ぐらいでクラスをぐちゃぐちゃにするなんて愚の骨頂である。

結局、何が言いたいのかと言うと、目の前の子どもたちをしっかりと見て手を打たないといけない、ということである。

・体育着を貸す or 貸さない。
・体育着を忘れた子は体育に参加させない or 忘れても体育に参加させる。
・保護者に連絡する or 連絡しない。

いつでもどんなときにでも通用する奥の手などはない。

子どもの実態、地域の様子、そして、何よりもその子と教師との関係を考慮に入れて、次の一手を打つ。

それがその子にとっての奥の手になるのである。
これは、体育着の話だけではない。
すべての教育活動に言えることなのである。
「楽しけりゃ、それでいいじゃん！」ではないのである。

44

子どものハッピーエンドを願い、全力を尽くす

バッドエンドな一日

1997年10月11日。
高田延彦がヒクソン・グレイシーに負けた。
自分の中のプロレス最強神話が崩れた日であった。
私は、澱んだ空気を漂わせながら、東京ドームを後にした。
前日に両国国技館で開催された、みちのくプレロスの爽快感とは真逆の結果。
そりゃ格闘技ですから、いつもいつも期待通りにいくとは限らない。
いい年した大人ですから、そんなことはわかっている。
でもねぇ…。

この結果は、ないんじゃないの。①
せめて、もう少しファンの期待に応えたファイトをしてほしかった…。

ハッピーエンドな一日

２０１８年3月9日。

高城れにソロコンサート。

コンサート終了後、会場の出口で、れにちゃん本人がハイタッチでお見送り。

時間にして、ほんの数秒。

通り過ぎる瞬間、れにちゃんが私の顔を見て「あっ」という表情に。

２０１７年の11月に、れにちゃんと対談をさせてもらっていたのだが、何と、私のことを**覚えていてくれた**②のである。

最後の最後に、れにちゃんからうれしいリアクション。

多幸感に満ちあふれ、帰路についた。③

ポイント

①高田延彦は、なす術もなくヒクソン・グレイシーに敗れた。自分が持っている力を出すこともなく。相手のよさを消す。格闘技に限らず、勝利を目指すための常套手段である。しかし、プロレスは違う。アントニオ猪木は言う。「7の相手に9の力を出させて10の力で勝つ」。授業づくりにもつながる名言である。

②れにちゃんには、「スタッフの名前をすべて覚えている」という都市伝説がある。以前、その真偽をご本人に聞こうと思い、「れにちゃんは、裏方さんの…」と切り出したところ、「私、『裏』とは思っていないんです」と話を遮られ、敗北感を覚えたことがある。心地よい敗北感であった。

③やはりクラスの子どもも、多幸感にあふれた気持ちで帰路についてほしいものである。そのために、教師はできることに全力で取り組まなければいけない。

【著者紹介】

俵原　正仁（たわらはら　まさひと）

1963年，兵庫県生まれ。

通称“たわせん”と呼ばれている。

兵庫教育大学を卒業後，兵庫県の公立小学校教諭として勤務。「笑顔の教師が笑顔の子どもを育てる」という『笑育』なるコンセプトによるユニークな実践は，朝日新聞，朝日放送「おはよう朝日です」などマスコミにも取り上げられた。教育雑誌に執筆多数。教材・授業開発研究所「笑育部会」代表。

著書に，『教師は見た目で9割決まる！』（2017年，学陽書房），『博愛―ホワイト学級づくり　正攻法で理想に向かう！クラス担任術』（2016年，明治図書），『プロ教師のクラスがうまくいく「叱らない」指導術』（2014年，学陽書房），『スペシャリスト直伝！　子どもとつながるノート指導の極意』（2012年，明治図書）など多数。

授業がちょっとうまくなる44の小技

2018年9月初版第1刷刊　©著　者　俵　原　正　仁

発行者　藤　原　光　政

発行所　明治図書出版株式会社

http://www.meijitosho.co.jp

（企画）矢口郁雄（校正）宮森由紀子

〒114-0023　東京都北区滝野川7-46-1

振替00160-5-151318　電話03(5907)6701

ご注文窓口　電話03(5907)6668

＊検印省略　組版所　長野印刷商工株式会社

Printed in Japan　ISBN978-4-18-264526-6